INTELIGÊNCIA EMOCIONAL

UM GUIA PRÁTICO

DAVID WALTON

INTELIGÊNCIA EMOCIONAL

UM GUIA PRÁTICO

Tradução de IURI ABREU

L&PM EDITORES

Texto de acordo com a nova ortografia.
Título original: *Emotional Intelligence – A Practical Guide*

Capa: Icon Books. *Adaptação*: Carla Born
Tradução: Iuri Abreu
Preparação: Simone Diefenbach
Revisão: Jó Saldanha

CIP-Brasil. Catalogação na publicação
Sindicato Nacional dos Editores de Livros, RJ

W197i

Walton, David,
  Inteligência emocional: um guia prático / David Walton; tradução Iuri Abreu. – 1. ed. – Porto Alegre, RS: L&PM, 2016.
  184 p. ; 21 cm.

  Tradução de: *Emotional Intelligence – A Practical Guide*
  ISBN 978-85-254-3186-8

  1. Inteligência emocional. 2. Técnicas de autoajuda. 3. Cérebro. 4. Criatividade. 5. Liderança. I. Título.

14-17157   CDD: 153.9
                  CDU: 159.95

© David Walton, 2014

Todos os direitos desta edição reservados a L&PM Editores
Rua Comendador Coruja, 314, loja 9 – Floresta – 90220-180
Porto Alegre – RS – Brasil / Fone: 51.3225.5777
Pedidos & Depto. comercial: vendas@lpm.com.br
Fale conosco: info@lpm.com.br
www.lpm.com.br

Impresso no Brasil
Verão de 2016

Sumário

Nota do autor 6

Introdução 7

Parte I: A estrutura da inteligência emocional 33
1. Autoconhecimento 33
2. Controle das emoções 63
3. Compreensão dos outros 84
4. Controle das relações 105

Parte II: Inteligência emocional na prática 131
5. IE e o ambiente de trabalho 131
6. Criação e ensino dos filhos 147
7. Inteligência emocional e saúde 159

Conclusão 178

Leituras recomendadas 179

Sobre o autor 181

Nota do autor

É importante ressaltar que há inúmeras ideias e resultados de pesquisas citados com frequência em relação à inteligência emocional. Quando a origem era conhecida, explicitamos a referência. Pedimos desculpas aos criadores de qualquer material que possa ter passado despercebido sem intenção.

Introdução

DO QUE TRATA A INTELIGÊNCIA EMOCIONAL?

Dê uma olhada nas seguintes pessoas. Elas se parecem com alguém que você conhece?

Antônio está tentando decidir se tira dinheiro da poupança para comprar um carro clássico que ele deseja. O problema é que, se mantido por mais seis meses, o investimento vai render, gerando 5 mil libras adicionais. Mas ele terá perdido a chance de comprar o carro, que é especial. Ele quer muito comprá-lo. Ele já tem outros três carros, mas gratificação postergada não é o seu forte. As coisas seriam mais fáceis se ele tivesse um trabalho regular.

Suzana não se dá bem com seu diretor executivo, apesar de fazer um trabalho ótimo. Ele é extremamente indiferente, não responde aos relatórios dela sobre coisas que precisam ser analisadas ou que exigem uma abordagem diferente e jamais a olha nos olhos. Os colegas dela a veem como um modelo de comportamento. Ela quer uma boa carreira, mas não está certa sobre o próximo passo.

Patrícia não atingiu a meta de vendas de novo. Os clientes dela só gostam de falar dos seus problemas. Ela não tem nada em comum com aquele tipo de gente e gostaria apenas de seguir adiante com o trabalho.

Pedro chega muito frustrado em casa. A esposa dele mudou. Nada mais parece satisfazê-la, e ele só tem uma vaga noção do porquê disso. Ela parece frustrada ou deprimida o tempo todo, na mesma medida. Ela acha que a culpa é sempre dele, o que o deixa irritado e faz com que saia batendo portas.

Como muitas pessoas, esses indivíduos estão lutando com situações e dificuldades que apresentam graus distintos de transtorno. À primeira vista, parece que a tomada de decisão lógica e racional e, talvez, o bom senso sejam a resposta, pelo menos em tese. Mas esses exemplos vêm do mundo real. Antônio, Suzana e os outros são pessoas de verdade. E isso significa que nem sempre são lógicos. Nem sempre usam a tomada de decisão racional ou o bom senso.

Instintos, sentimentos e valores pessoais predominam e se tornam parte importante dos dilemas enfrentados por aquelas quatro pessoas. O conflito entre o raciocínio e os sentimentos complica as coisas. Os instintos ou a intuição dependem, em boa parte, da emoção e dos sentimentos. O mundo real é um lugar onde tanto sentimentos quanto instintos exercem grande influência sobre o comportamento.

Antônio, por exemplo, está tendo dificuldade em resistir à tentação. Ele pode esperar e ganhar um bom dinheiro – assim lhe diz a lógica –, mas as exigências feitas por suas emoções criam um conflito. O que realmente aconteceu foi que, como de costume, ele cedeu às emoções e retirou o dinheiro da poupança. Um ano depois, estava em uma situação financeira difícil, não só por causa do carro, mas porque a luta entre lógica e emoção sempre tinha o mesmo vencedor. Os sentimentos dele parecem dominar o raciocínio: ele é muito bom em convencer a si mesmo de qualquer coisa desejada.

Suzana está tentando equilibrar a própria ansiedade com a forma como a organização em que trabalha está mudando e o efeito dessa mudança sobre os pontos de vista e as abordagens de seus colegas. A necessidade de reconhecimento dela é bastante alta. Ela trabalha com pessoas que não se expressam emocionalmente nem entendem a importância disso para motivar a equipe. Depois de um ano, pediu demissão. A empresa perdeu um quadro valioso.

Patrícia esperava que seu desempenho de vendas pudesse ser bom o bastante sem ter de criar intimidade com os clientes. Ela não se sente à vontade ao se aproximar demais das pessoas. Tem dificuldade em jogar conversa fora e sempre prosperou se concentrando em coisas nas quais está interessada. Conhece bem o produto, mas isso não parece afetar seu desempenho. Agora tem um cargo administrativo, com salário mais baixo.

Pedro está se esforçando para encontrar maneiras de retomar o controle de seu relacionamento. Ele e a esposa têm personalidades fortes, mas ele nunca se sentiu capaz de confrontar problemas entre eles. Ele acha que é melhor dar as costas e ir embora quando está irritado, porque tem dificuldade em controlar emoções fortes. Sua esposa se tornou fria e agora está se perguntando se a vida não poderia ser mais gratificante.

Em cada uma das situações recém-descritas, as pessoas envolvidas se beneficiarão de uma melhora na inteligência emocional (IE). Isso também facilitará a vida daqueles que precisam interagir com elas. A IE é um conjunto valioso de ideias que você pode usar no local de trabalho e em casa; no papel de pai/mãe, professor ou gerente.

Trata-se de estar ciente de sentimentos em você mesmo e nos outros, de compreendê-los e gerenciar seu impacto. Trata-se de estar no controle, interpretar a linguagem corporal, lidar com a negatividade, trabalhar com os outros e construir bem-estar psicológico.

Enfim, este livro é sobre o quê?

A inteligência emocional é um conjunto de capacidades e habilidades mentais que podem ajudar você a gerenciar com sucesso a si mesmo e às exigências de trabalhar com os outros.

Ao desenvolver a própria IE, você pode:
- Conhecer razoavelmente bem a si mesmo;
- Controlar as próprias emoções;
- Demonstrar empatia em relação aos sentimentos dos outros;
- Usar habilidades sociais de maneira efetiva e agradável.

Isso envolve:
- **Atenção plena (*mindfulness*)**: estar ciente, entender a si mesmo e aos outros;
- **Estar no controle** dos próprios pensamentos, emoções e necessidades;
- **Ser otimista e automotivado**, sobretudo diante de contratempos;
- **Usar empatia**: ser capaz de se colocar no lugar dos outros;
- **Comunicar-se com eficácia** para construir relacionamentos produtivos e positivos;
- **Usar o raciocínio emocional**: ser capaz de usar emoções para aprimorar, em vez de limitar, o raciocínio.

Já foram escritos inúmeros livros sobre inteligência emocional, que foi definida de várias formas, geralmente dependendo dos interesses ou da disciplina acadêmica do autor. Conforme a ideia foi explorada e se desenvolveram diferentes modelos, ela se tornou uma das ideias mais comentadas em psicologia popular, treinamento industrial, gestão, educação e assistência social. A inteligência emocional foi celebrada como uma explicação do que o cérebro faz, um meio para atingir objetivos, uma base para melhorar a vida familiar e os relacionamentos, para melhorar as perspectivas de emprego e para obter mais sucesso no trabalho. Os resultados, em um nível, são o melhor gerenciamento do estresse, o enfrentamento da depressão e a superação da ansiedade. Para outros, é uma forma de se tornar um melhor negociador, fechar negócios mais lucrativos ou aumentar as vendas. Já vi um programa de culinária na televisão que sugeriu que a inteligência emocional é o segredo para oferecer ótimos jantares!

Se isso tudo for verdade, a IE deve ser uma das mais significativas áreas exploradas na psicologia nos últimos cinquenta anos. No mínimo, pode ser um estímulo real para explorar a psicologia – e, no processo, ajudar a tornar algumas de suas poderosas ideias relevantes e acessíveis para se viver e trabalhar no mundo moderno.

Em sua forma mais básica, a inteligência emocional é a capacidade de gerenciar o impacto de emoções sobre as relações com os outros. Ela envolve o reconhecimento preciso de como você e os outros se sentem em um determinado momento e da forma como as emoções estão afetando a situação. Ela envolve manter os sentimentos sob controle adequado para que se possa agir com eficácia. E, em boa medida, envolve a utilização de boas habilidades interpessoais para criar relações positivas com indivíduos e grupos. A capacidade de expressar as emoções de um modo construtivo é a base para permanecer no controle.

A IE se baseia em um recurso importante dos relacionamentos: "comportamento gera comportamento". A nossa abordagem pode ser a causa das reações dos outros. A inteligência emocional requer que você esteja atento em relação ao efeito causado.

Um consenso entre os modelos mais recentes de IE é que, seja nas relações de trabalho, seja nas relações pessoais, a inteligência emocional pode ser aprendida. Ensinar a si mesmo estar atento em relação a como você e os outros se sentem pode ajudar na criação de relacionamentos mutuamente gratificantes. E, em tempos de dificuldade econômica, a diferença entre relações produtivas e improdutivas pode fazer a diferença entre a sobrevivência ou não.

Desta forma, o objetivo deste livro é simples: proporcionar um entendimento prático sobre como surgiu a ideia de inteligência emocional, o que as pessoas dizem que ela é, por que ela é importante para você e algumas ferramentas para ajudar a desenvolver sua IE.

Parece útil? Que bom. Mas, na verdade, a inteligência emocional não é algo novo, e as habilidades e capacidades envolvidas nem sempre foram coisas positivas. Já no século XVI, Nicolau Maquiavel escrevia sobre "consideração de sentimentos e necessidades" como um conjunto importante de ferramentas em suas tentativas de buscar influência com o papa para ele próprio se tornar mais poderoso. Manipulação, política e logro devem muito à inteligência emocional daqueles que praticam as artes negras para benefício próprio. Se você acredita na imprensa sobre as maquinações sorrateiras dos políticos atuais, esse ponto de vista pode ser mais verdadeiro hoje do que jamais o foi.

Por um lado, há momentos em que ser claro, firme e até rígido com os outros é parte necessária de um comportamento eficaz. Mas, por outro lado, conforme se obtém mais experiência nas relações pessoais e de trabalho, fica evidente que ser contundente não funciona em todas as situações. Habilidades sociais, como entender as necessidades dos outros, gerar metas compartilhadas, conhecer suas motivações e interações, negociar, oferecer apoio e diplomacia, talvez sejam necessárias. A resolução de conflitos, por vezes com restrição e autocontrole, é uma ferramenta importante para se relacionar bem com os outros.

Há pouco ouvi uma renomada acadêmica, responsável por gerenciar uma importante universidade, dizer: "Tudo estaria bem se não fosse pelos alunos e pelos funcionários! Às vezes eu não sei quem é quem". A maioria de nós sabe que, embora a habilidade intelectual seja importante, não se pode viver sem ter de lidar com outras pessoas. Talvez aquela acadêmica precise usar a inteligência emocional tanto quanto a habilidade intelectual para criar o impacto desejado.

Alguns dos benefícios mais específicos do desenvolvimento da IE incluem a capacidade de:

- Superar situações difíceis;
- Expressar-se com clareza, mas com cordialidade;
- Construir relacionamentos melhores;
- Manter as emoções sob controle;
- Comunicar respeito mútuo;
- Evitar o raciocínio distorcido;
- Dizer a coisa apropriada na hora certa;
- Valorizar e obter compromisso dos outros;
- Tornar-se flexível em tempos difíceis;
- Ter valores claros e compartilhá-los com os outros;
- Aumentar o próprio bem-estar.

Então, por que parece que as pessoas têm níveis bastante diferentes de inteligência emocional? Existe um grande debate sobre a IE ter origem cultural ou ser inata. A IE é um conjunto de habilidades inatas, como o talento para a matemática e a lógica? (Talvez não tenha se desenvolvido ainda em algumas pessoas.) Ou é algo semelhante à personalidade; quem sabe, traços ou características que sejam genéticos ou adquiridos ao longo do tempo? Pode ser que algumas pessoas sejam simplesmente boas de relacionamento. Deixando de lado o debate acadêmico, é evidente que há certas habilidades e capacidades que, segundo se constatou, têm valor real e prático nas situações mais surpreendentes.

ESTUDO DE CASO: A inteligência emocional pode salvar a sua vida?

James Dozier, general do Exército dos Estados Unidos, foi sequestrado em 1981 enquanto estava a trabalho na Itália. Ele foi capturado por terroristas da conhecida Brigada Vermelha. Ao escrever sobre suas experiências, Dozier observou o efeito da cobertura da mídia sobre os sequestradores: "Eles estavam subindo pelas paredes de ansiedade e pressão e estavam ficando perigosos a ponto de explodir. Um olhar enviesado poderia ter me matado". Era uma situação cada vez mais carregada de risco. O treinamento de Dozier incluíra alguns aspectos de gestão emocional, e ele decidiu tentar minimizar os riscos utilizando o que hoje chamaríamos de inteligência emocional. Ele se dispôs a controlar os próprios sentimentos de ansiedade e ver que efeito isso poderia ter sobre os terroristas da Brigada Vermelha. Mesmo amarrado, tentou se forçar a se comunicar da forma mais calma possível, mostrando preocupação pelos sequestradores e modelando os comportamentos que, segundo ele, eram necessários para reduzir a ansiedade dos próprios terroristas. Conforme havia esperado, a tensão e a tendência a reações espontâneas foram reduzidas à medida que os sequestradores começaram a responder à sua maneira confiante, lenta e reflexiva.

Após sua libertação, Dozier explicou que essa experiência o levou a crer que o entendimento da dinâmica emocional em funcionamento na situação e sua capacidade de controlar as próprias emoções e o comportamento salvaram-lhe a vida.

Como usar este livro

Em todo o livro, há uma série de atividades para você experimentar, notas para ler e coisas para lembrar.

Nesta introdução, vamos explorar as bases sobre as quais se sustenta a inteligência emocional, inclusive o que sabemos sobre a própria inteligência, o que causa as emoções que nos movem e como o sistema de controle do cérebro está "conectado" a elas. Também vamos analisar o oposto da IE, a atitude de manter-se firme, e por que ser durão e inflexível vem sendo valorizado por tanto tempo.

Na Parte I, "A estrutura da inteligência emocional", vamos explorar as habilidades práticas e o conhecimento promovidos pela inteligência emocional.

A Parte II do livro, "Inteligência emocional na prática", lida com algumas aplicações específicas da inteligência emocional. Vamos analisar o que a psicologia ocupacional tem a dizer sobre o local de trabalho – a área onde a IE ganhou vida vinte anos atrás. Também vamos explorar seu uso na educação, criação de filhos e assistência médica e examinar como a IE pode ser utilizada simplesmente para melhorar nossa vida.

NÃO ESQUEÇA!!! Se você usar algum questionário deste livro, lembre-se de que são guias, e não testes psicométricos que tenham passado por um processo completo de validação. Eles foram testados em diversas empresas e grupos ocupacionais, na educação de adultos e com diferentes etnias. Tudo indica que são úteis, mas veja o que você acha!

Dá para ensinar um burro velho a puxar carga?

Se você está preparado para pensar um pouco, refletir sobre ideias a partir da experiência de outras pessoas e desafiar e disciplinar a si mesmo para melhorar, este livro deve ajudá-lo a entender a IE. Mas, se você é o tipo de pessoa que acredita que mudar a sua personalidade ou o seu comportamento não é possível – que "burro velho não puxa carga" –, precisa saber de uma coisa antes de continuar a leitura.

Você tem um dos maiores milagres da natureza: um CÉREBRO INCRÍVEL! Vamos analisar a forma como ele funciona e parte de suas estruturas físicas mais adiante. Mas, da perspectiva de um burro velho, você precisa saber antes de começar que, se assim o desejar, você pode mudar a si mesmo e sua abordagem. É algo que seu cérebro pode fazer por você e envolve uma capacidade chamada de "plasticidade".

Qualquer que seja a sua idade atual, você passou a vida construindo modelos comportamentais, que são armazenados no cérebro e usados para reações automáticas a situações. Existem caminhos entre as células cerebrais que se fixam mais conforme os sentimentos e padrões de raciocínio se repetem.

São coisas físicas; proteínas presas ao DNA e conexões neurais que controlam os comportamentos. Elas são essenciais. Elas definem você.

Você não está começando do zero. Quanto mais não seja, a sua experiência de viver e trabalhar com os outros já terá lhe dado oportunidades para desenvolver a inteligência emocional. Na adolescência, o cérebro desenvolveu rapidamente caminhos para lidar com situações de determinadas formas. Você pode ser bom em avaliar coisas, calcular riscos ou encontrar soluções. Você pode ou não ter desenvolvido caminhos que ajudam a lidar com outras pessoas e com situações emocionais. Você pode usar este livro para avaliar como se saiu até então.

Uma das principais descobertas da neurociência nos últimos quinze anos foi que somos capazes de fazer o nosso cérebro realmente crescer. Acontece por meio de um processo chamado de neurogênese, em que as células cerebrais crescem e se proliferam, migrando para onde possam ser necessárias. Com o uso diário, desenvolvem-se caminhos ou rotas de neurônios interconectados, da mesma forma que um animal subterrâneo realizando suas atividades naturais diárias poderia criar um caminho embaixo de um prédio.

Sempre que se adquire um novo conhecimento, as conexões se comunicam de modo distinto e, por meio da repetição, tornam-se mais rápidas, mais eficientes e instintivas. A capacidade do cérebro de se desenvolver dessa forma é descrita como "plasticidade sináptica". Então, a boa notícia é que é possível mudar. Desaprender comportamentos antigos e formar novos modelos de inteligência emocional é algo que acontece a todo momento – se você tiver a motivação e o espaço para reflexão.

LEMBRE-SE DISTO

O ponto principal é que todos têm a capacidade de desenvolver novos raciocínios e comportamentos se houver motivação suficiente. Você pode não só aprender sobre IE, como também colocá-la em prática.

No restante desta introdução, vamos falar sobre as bases e o contexto da IE. Em primeiro lugar, porém, responda ao questionário a seguir para começar a formar uma ideia dos seus níveis de IE.

EXPERIMENTE AGORA!

Medição da inteligência emocional

Este teste é um exemplo entre os vários disponíveis atualmente. Os resultados obtidos neste teste NÃO são uma representação completa da sua IE, mas oferecem algumas informações úteis sobre as habilidades envolvidas e o modo como os testes as medem.

Há dez situações. Para cada uma delas, leia as quatro ações e escolha qual delas está mais próxima da forma como você se comportaria se estivesse em uma situação semelhante. Escolha o *comportamento real*, em vez do que você acha que *deveria* fazer. Anote a sua opção e leia a página de pontuação com atenção. Além de conseguir um jeito rápido e simples de medir a própria IE, as respostas dão uma noção dos principais conjuntos de habilidades envolvidos.

1. Você está em um avião que, de repente, passa por uma forte turbulência e começa a balançar de um lado para o outro. O que você faz?

A. Continua a ler seu livro ou revista ou a assistir ao filme, tentando dar pouca atenção à turbulência.

B. Fica alerta para uma emergência, monitorando atentamente a tripulação e lendo o cartão de instruções de emergência.

C. Um pouco de A e de B.

D. Não tem certeza; provavelmente nunca percebeu.

2. Você está em uma reunião quando uma colega recebe crédito por um trabalho que você fez. O que você faz?

A. Imediatamente e em público confronta a colega a respeito da autoria do trabalho.

B. Após a reunião, chama a colega e lhe diz que você gostaria que, no futuro, ela lhe desse crédito ao falar sobre o seu trabalho.

C. Nada, pois não é uma boa ideia constranger colegas em público.

D. Depois que a colega termina de falar, agradece a ela em público por fazer referência ao seu trabalho e dá detalhes mais específicos ao grupo sobre o que você estava tentando realizar.

3. Você trabalha no atendimento ao cliente e está falando ao telefone com um cliente extremamente irritado. O que você faz?

A. Desliga. Você não é pago para aturar desaforo de ninguém.

B. Escuta o cliente e parafraseia o que você acha que ele está sentindo.

C. Explica para o cliente que ele está sendo injusto, que você está tentando fazer o seu trabalho e gostaria que ele não atrapalhasse você.

D. Diz ao cliente que você entende que isso deve ser frustrante para ele e oferece algo específico que você pode fazer para ajudar a resolver o problema.

4. Você é um estudante universitário que esperava tirar A em uma prova importante para suas futuras aspirações de carreira. Você acaba de descobrir que tirou C-. O que você faz?

A. Esboça um plano específico contendo maneiras de melhorar sua nota e decide segui-lo.

B. Decide que você não tem aptidão suficiente para obter sucesso nessa carreira.

C. Diz a si mesmo que, na verdade, não importa como você se saiu nessa matéria, e concentra-se em outras disciplinas em que suas notas são mais altas.

D. Discute os resultados com a professora e tenta convencê-la a lhe dar uma nota melhor.

5. Você é gerente de uma organização que está tentando incentivar o respeito pela diversidade racial e étnica. Sem querer, você escuta alguém contar uma piada racista. O que você faz?

A. Ignora; a melhor forma de lidar com essas coisas é não reagir.

B. Chama a pessoa ao seu escritório e explica que o comportamento dela é inapropriado e está sujeito a ação disciplinar, se repetido.

C. Protesta na hora, dizendo que tais piadas são inapropriadas e não serão toleradas na sua organização.

D. Sugere para a pessoa que contou a piada que participe de um curso de treinamento sobre diversidade.

6. Você é vendedor de seguros e está ligando para clientes potenciais. Você não teve sorte com os últimos quinze clientes. O que você faz?

A. Encerra o expediente e vai para casa mais cedo para evitar congestionamentos.

B. Tenta algo diferente na próxima ligação e continua dando duro.

C. Faz uma lista de seus pontos fortes e fracos para identificar o que pode estar prejudicando sua capacidade de vender.

D. Revisa seu currículo.

7. Você está tentando acalmar uma colega que teve um ataque de fúria porque o motorista de outro carro cortou a sua frente. O que você faz?

A. Diz a ela para esquecer; ela está bem agora e não foi nada de mais.

B. Coloca uma música que ela gosta e tenta distraí-la.

C. Critica o outro motorista junto com ela.

D. Conta para ela sobre uma vez em que ocorreu algo parecido com você e como ficou irritado, até perceber que o outro motorista estava a caminho do hospital.

8. Uma discussão entre você e seu parceiro se transformou em um concurso de gritos. Os dois estão perturbados e, no calor da briga, começam a fazer ataques pessoais fora de propósito. Qual é a melhor coisa a ser feita?

A. Concordar em fazer um intervalo de vinte minutos antes de retomar a conversa.

B. Ficar calado, sem prestar atenção ao que o seu parceiro diz.

C. Pedir desculpas e exigir que seu parceiro também se desculpe.

D. Parar por um momento, ordenar os pensamentos e expor seus argumentos com a maior exatidão possível.

9. *Você recebeu a tarefa de gerenciar uma equipe que não consegue criar uma solução criativa para um problema no trabalho. Qual é a primeira coisa que você faz?*

A. Cria um plano, convoca uma reunião e designa um período específico para discutir cada item.

B. Organiza uma reunião fora da empresa com o objetivo específico de incentivar a equipe a se conhecer melhor.

C. Pede ideias sobre como resolver o problema para cada membro da equipe.

D. Faz uma sessão de brainstorming, incentivando cada pessoa a dizer a primeira coisa que vier à mente, sem importar que não faça sentido.

10. *Há pouco tempo, um gerente jovem entrou na sua equipe, e você percebeu que ele é incapaz de tomar a mais simples decisão sem pedir conselho para você. O que você faz?*

A. Aceita que ele "não tem aptidão suficiente para obter sucesso por aqui" e procura outros na sua equipe para assumir as tarefas dele.

B. Pede para um gerente de RH falar com ele sobre onde ele acha que está o futuro dele na organização.

C. Deliberadamente atribui a ele a tomada de várias decisões complexas, para que ele fique mais confiante na sua função.

D. Planeja uma série contínua de experiências desafiadoras mas viáveis para ele e se disponibiliza a atuar como mentor.

Pontuação

Cada situação pode receber até dez pontos, conforme descrito a seguir. A adição dos pontos para cada resposta dará uma pontuação máxima de 100 – a sua pontuação percentual de IE.

1. A única resposta que não indica inteligência emocional é a D. Ela sugere uma falta de consciência do que está acontecendo. Tentativas de controlar as próprias emoções e estar atento e ciente

de como os outros estão agindo são importantes habilidades. **Você ganha 10 pontos por escolher A, B ou C.**

2. A resposta A sugere um confronto motivado pela emoção e uma falta de habilidade ao tentar obter mudança de comportamento por meio de um confronto público. Não fazer nada (resposta C) deixaria o problema sem solução e o potencial ressentimento pode se agravar e crescer no futuro. A solução é trabalhar em colaboração com a colega no futuro, mas também controlar os próprios sentimentos. **Você ganha 5 pontos por escolher B e 10 pontos se optou pela D.**

3. Uma parte importante da inteligência emocional é a sensibilidade em relação aos sentimentos dos outros e uma atitude positiva para ajudar a eles e a si mesmo a resolver dificuldades. Mostrar que você entende a preocupação do cliente, mas também ajudá-lo a sentir que a preocupação dele está sendo resolvida seriam as opções emocionalmente inteligentes. **Cinco pontos para B e 10 pontos para D.**

4. O fracasso quase sempre gera emoções fortes e, muitas vezes, culpa. No curto prazo, tais emoções podem dominar o pensamento racional e levar à tomada de decisão distorcida. Manter o controle requer se esforçar ao máximo para usar lógica e análise, bem como aceitar os próprios pontos fortes e fracos. **A garante 10 pontos e C concede 5 pontos.**

5. O racismo é inaceitável em qualquer situação. Ignorá-lo pode parecer que se está dando aprovação. Embora a ação subsequente possa demonstrar a sua posição, a pessoa emocionalmente inteligente tem um conjunto claro de valores, confiança nas próprias crenças e está preparada para se manifestar, mesmo se os pontos de vista forem diferentes. **Desta forma, B ganha 5 pontos, C ganha 10 e D também ganha 5 pontos.**

6. O autocontrole é uma característica central da inteligência emocional e envolve o controle de emoções e impulsos nocivos. Ser positivo, flexível e focado são características de alguém no controle, então **10 pontos para B e 5 pontos para C.**

7. Demonstrar empatia com uma pessoa que está em um estado de excitação emocional é uma das melhores formas de

acalmá-la. Tentar distraí-la ou minimizar a sua preocupação provavelmente levará à manifestação de uma emoção ainda mais forte, além de não ser eficaz. **C recebe 5 pontos** por construir empatia e fazer com que a colega se sinta positiva e aceita em relação ao seu ponto de vista. **D, no entanto, recebe 10 pontos**, porque, além de empatia, você está dando uma análise racional para a sua colega e tentando fazê-la pensar nas potenciais consequências negativas para o mau motorista. Isso ativa processos cognitivos para ajudar a reduzir o nível de emoção, mostrando uma boa gestão de relacionamento.

8. A pessoa emocionalmente inteligente tem dois problemas aqui: controlar a emotividade do parceiro e a própria. É hora de parar um pouco. Se continuar, as coisas só vão piorar. **A recebe 10 pontos.**

9. Ajudar uma equipe a trabalhar de maneira criativa envolve o reconhecimento da ligação entre sentimentos e pensamento criativo. O desempenho de uma equipe depende da qualidade dos relacionamentos e da capacidade de colaboração. Portanto, gerenciar relacionamentos, encontrar formas de ajudar as pessoas a desenvolverem o trabalho uma da outra e não ser tradicional são requisitos necessários para essa situação. **B recebe 10 pontos; D, 5 pontos.**

10. A empatia com um gerente jovem em uma nova situação, combinada com a incerteza de sua tomada de decisão, sugere uma necessidade de apoio e criação incremental de confiança. Exposição e ameaça só serviriam para aumentar a ansiedade. Apoiá-lo e desafiá-lo ao mesmo tempo são as melhores opções para o crescimento. **B recebe 5 pontos e D, 10 pontos.**

Esse questionário foi testado há pouco com mais de duzentas pessoas. A pontuação média para participantes de 30 a 50 anos foi de 65 e, para pessoas mais jovens, 60. Onze por cento do grupo total disseram ter tido problemas com gestão de relacionamento ou com autoconsciência. Não houve diferenças estatisticamente significativas entre as pontuações para homens e mulheres.

Dez perguntas não podem dar uma medida abrangente do seu nível atual de inteligência emocional, mas esse teste foi criado para dar uma noção das habilidades envolvidas no comportamento emocionalmente inteligente e de onde podem estar alguns de seus pontos fortes.

As bases da inteligência emocional

Afinal, o que é "inteligência"?

Quando você pensa em inteligência, lembra-se do quê? De um cientista míope talvez, que passa as noites debruçado sob uma lâmpada de leitura ou em frente a uma tela de computador, fazendo cálculos abstratos até a madrugada? Se você está pensando em algo parecido, não está sozinho. Alfred Binet desenvolveu o primeiro teste de QI em 1905, e desde então a medição da inteligência vem sendo uma preocupação de psicólogos. Embora esses testes tenham sido úteis para prever o sucesso acadêmico, até pouco tempo atrás eles só mediam a capacidade de lidar com informações abstratas, ignorando outras habilidades e capacidades. Uma pesquisa de 2002 sugeriu que esse tipo de inteligência era responsável por menos de 25% das chances de sucesso mais adiante na vida. Uma revisão de 52 estudos em 1994 trouxe esse número mais próximo a 5%, sendo que outros fatores explicavam os 95% restantes. O que quer que seja a inteligência, esses "outros fatores" não deveriam ser considerados?

Foram propostas outras opiniões sobre inteligência, inclusive a de Thorndike em 1920, a de Kelly na década de 1950 e a de Howard Gardner em 1983, e todas desafiavam a ideia de uma única inteligência de solução de problemas medida por testes clássicos de QI. Eles propuseram a existência de uma série de diferentes tipos de inteligência para lidar com os outros, o que é muitas vezes descrito como inteligência "social". Essa ideia serviu de base para o trabalho realizado nas décadas de 80 e 90 (com destaque para John Mayer, Peter Salovey, David Caruso e Richard Boyatzis), e Reuven Bar-On cunhou o termo "inteligência emocional" em uma dissertação de 1980. A seguir, veio o megassucesso de 1995, o best-seller *Inteligência emocional*, de Daniel Goleman.

O trabalho anterior à obra de Goleman havia se concentrado na inteligência social ou emocional como uma capacidade inata, uma das principais perspectivas adotadas por alguns hoje. Goleman era um jornalista especializado em ciência com experiência em psicoterapia clínica e psicologia meditativa. Agora um renomado psicólogo organizacional, ele argumenta que há mais do que uma capacidade inata envolvida, usando as evidências coletadas por, entre outros, David McClelland sobre as competências e os comportamentos de líderes e profissionais de alto desempenho na indústria, no comércio e no setor público.

NÃO ESQUEÇA!!! Os psicólogos identificam várias formas de inteligência. A inteligência emocional incorpora pelo menos duas delas:

Inteligência cognitiva: a capacidade de pensar racionalmente, agir com determinação e gerenciar o ambiente. É o seu conjunto de habilidades intelectuais, analíticas, lógicas e racionais.

Inteligência social: a capacidade de entender e gerenciar situações que envolvem outras pessoas. É a capacidade de estar ciente de si mesmo, de entender a si próprio, de gerenciar relacionamentos e de entender o conteúdo emocional do comportamento.

Pesquisadores analisaram as duas formas de inteligência e desenvolveram maneiras diferentes de medir a inteligência emocional que demonstram as suas perspectivas. Mas a medição tem um problema. Muitas ideias por trás da inteligência emocional, como o controle das próprias emoções, são difíceis de medir de modo confiável e válido devido à natureza subjetiva das experiências emocionais. Também há muitos testes do ponto de vista de "traços" da IE (esse é o ponto de vista que diz que a IE é meramente uma função da personalidade) que se parecem basicamente com testes tradicionais de personalidade.

Uma questão de cultura – o estoicismo e a "atitude de manter-se firme"

Corresponder às expectativas de uma vida estoica, a crença definitiva na "atitude de manter-se firme", era difícil para seres humanos comuns mesmo na Grécia antiga, mas vem sendo uma ideia predominante na cultura ocidental durante a maior parte de sua história. Os **estoicos** argumentavam que o raciocínio, a lógica, o intelecto e a razão eram as únicas formas confiáveis de se viver. A criação de estrutura e ordem na vida era valorizada, junto com solidão interior, autodomínio na adversidade e a aceitação do destino. Eles acreditavam que as emoções derivavam de julgamentos falsos. Os sentimentos eram idiossincráticos e subjetivos demais e, por isso mesmo, uma base duvidosa para viver e trabalhar juntos.

Jean Martin Charcot associou a emoção à histeria no final do período vitoriano; "ceder à emoção" era visto como um distúrbio físico (convulsivo) ou um problema psicológico. Histórias da psicologia reconhecem que a definição de emoções dessa forma envolvia uma perspectiva bastante sexista. Por muitos anos, a perspectiva principalmente masculina foi que a emoção era um *problema das mulheres*.

Em contraste, o escritor Georg Simmel considerava a vida urbana e no local de trabalho na década de 1950 um lugar perigoso. Ele imaginava a vida industrial moderna como um fluxo infinito de estímulo impessoal, contrastando com o aconchego de uma vida no interior mais enraizada nas conexões emocionais. A vida no interior, segundo argumentava, cria uma noção de empoderamento e propósito, tendo por resultado bons relacionamentos na comunidade. A visão moderna típica da vida, afirma Simmel, é "blasé". Ele sugere que a atitude de não deixar transparecer as emoções foi disseminada pelo século XX com "reserva, frieza e indiferença, sempre com o risco de se transformar em ódio".

Foi nesse contexto que começou a pesquisa sobre inteligência emocional.

Nos Estados Unidos, a abordagem de não se deixar abalar foi desafiada – na aceitação da "terapia" e, em alguns casos, nos extremos sentimentalistas da gestão moderna. Ambos remontam a dois períodos da história: os anos anteriores à Primeira Guerra Mundial e a década de 1960.

A psicanálise ressoou como um eco nos mundos acadêmico e clínico, nos jornais, na cultura popular e na gestão depois que Freud falou na Universidade de Clark nos Estados Unidos (1909) e das palestras subsequentes de Jung (na Universidade de Fordham, em 1912, e em Londres, em 1913 e 1914). Jornais apoiavam a expansão da tecnologia e o desenvolvimento de novas ideias, inclusive a "nova ciência" da mente, que foi adotada como um experimento social por ricos e só ganhou credibilidade conforme a ciência da psicologia amadureceu. Na década de 1960, movimentos como as "psicologias humanistas" da Califórnia, enraizadas na mudança social, e os workshops de potencialidade humana do Instituto Esalen também questionavam a função exercida pelas emoções na interação humana.

Nos últimos cinquenta anos, o estoicismo e a importância emocional tiveram altos e baixos, muitas vezes apresentando correlação com o sucesso econômico. Quando a situação está difícil, as emoções voltam a ser reprimidas. Em 2012, continuam a existir determinantes do comportamento de manter-se firme. Os níveis de pobreza podem ser bastante diferentes do século XIX, mas crises bancárias, recessões e instabilidade econômica nos últimos dez anos criaram um clima antagônico. Mesmo após a aposentadoria, dizem as instituições beneficentes para idosos, muitos pensionistas têm de lutar por reconhecimento e pelos direitos devidos. Costuma-se rotular a mídia de sensacionalista e, sem dúvida, tanto a televisão quanto os jornais estão sempre repletos de imagens controversas retratando guerras, pobreza e violência.

A ideia de inteligência emocional afirma que, como animais sociais, precisamos utilizar as nossas habilidades sociais e emocionais para lidar com os outros de maneira efetiva. Para alguns, os determinantes podem ter mudado, mas ainda estarão mais à vontade sem ter de lidar com sentimentos.

O questionário sobre a atitude de manter-se firme

EXPERIMENTE AGORA!

O questionário a seguir foi criado para avaliar a significância da cultura de não deixar transparecer as emoções de acordo com a sua perspectiva. Abaixo está uma lista de qualidades pessoais. Decida como cada qualidade se aplica a você – tanto positiva quanto negativamente e em que medida. Para cada uma, você precisa dar a si mesmo uma pontuação entre -10 (a qualidade jamais faz parte do seu comportamento!) e +10 (é bastante característica de como você se comporta o tempo todo). Escreva a pontuação ao lado das qualidades da lista. Quando você terminar o questionário, confira as informações sobre pontuação para calcular o seu escore.

Qualidades

- Decidido
- Contundente
- Teimoso
- Contido
- Indiferente
- Persistente
- Focado em resultados
- Dominante
- Resiliente
- Personalidade forte

- Obstinado
- Exigente
- Forte
- Flexível
- Determinado
- Poderoso
- Empreendedor
- Enfático
- Desafiador
- Frio

Pontuação
Combine todas as pontuações negativas e positivas. Subtraia o negativo do positivo para obter a pontuação geral para ver o quanto você não deixa transparecer as emoções.

Interpretação
140 a 200 (muito alto)
Você está classificado entre os 10% mais durões! Você deve ser bastante eficaz em crises ou em situações em que existe a necessidade de forçar políticas ou ideias contra a oposição. Você será mais eficaz em situações que não envolvam grandes mudanças ou ao lidar com pessoas que tenham pouco interesse em assumir responsabilidade. Pessoas como você às vezes se tornam empreendedores de sucesso, mas, da mesma forma, muitos preferem ir em busca de outros negócios assim que a empresa original começa a prosperar. Afirmam que os outros podem ter dificuldade em se abrir com eles. O uso da inteligência emocional vai facilitar o trabalho com você, ajudando-o a lidar com pessoas mais motivadas em situações dinâmicas que envolvam mudanças.

95 a 139 (forte)
Trinta por cento das pessoas que fizeram esse teste obtiveram pontuação na mesma faixa que você. Elas tendem a ser confiantes e bem-sucedidas, mas em organizações e situações em que a cultura é bem competitiva. Muitas trabalham com vendas ou são empreendedoras. Elas também parecem manter relacionamentos (em contraste com pessoas conhecidas de modo superficial) que são de longa duração ou novos e pouco profundos. A inteligência emocional pode ajudar você a entender ainda mais os outros e construir relacionamentos mais abertos e leais.

0 a 94 (médio)
Trinta por cento das pessoas que fizeram esse teste tiveram pontuação semelhante à sua. Com frequência descrevem-se como pessoas que têm uma noção de propósito e uma imagem clara de

si mesmas e que apreciam cargos de liderança de equipes. São classificadas pelos outros como independentes e colegas de trabalho agradáveis, sem serem controladoras demais. Assim como ocorre com aqueles com pontuação alta (acima), às vezes parecem sucumbir ao estresse quando a situação é difícil, por vezes não reconhecendo o efeito da pressão sobre si mesmas. A inteligência emocional pode ajudar você a se tornar autoconsciente, entender os outros, controlar o estresse e construir relacionamentos melhores de longo prazo.

Abaixo de 0 (baixo)
Trinta por cento das pessoas têm pontuação negativa. Parecem ser pessoas com menos confiança em situações em que agem sozinhas, e outros testes sugerem que podem duvidar da própria capacidade, sobretudo na tomada de decisão, na definição de metas pessoais e na "persistência" (levar projetos ao fim). Por outro lado, muitas pessoas com essa pontuação parecem ser comunicadores talentosos que valorizam o trabalho em equipe. A inteligência emocional pode auxiliar você a refletir sobre os próprios sentimentos e abordagem, além de ajudá-lo a ser mais confiante nos próprios valores e prioridades.

Como utilizar a pontuação sobre a atitude de manter-se firme
As descrições anteriores de inteligência emocional e comportamento estoico não servem para promover a primeira e desvalorizar o segundo. Não se deve considerar nenhum deles como o único conjunto de habilidades necessário. Há várias situações em que a personalidade forte e independente é importante. Mas a inteligência emocional é um requisito essencial quando existe a necessidade de se trabalhar, influenciar e buscar cooperação com outras pessoas. Ela é um complemento ao estoicismo e à força de caráter.

Por isso, fique atento a pontuações extremas nesse questionário. Qualquer uma acima de 140 sugere que você talvez faça menos uso da inteligência emocional do que exigem as situações.

Emoções e inteligência emocional

Não é preciso ser psicólogo para entender a inteligência emocional. Porém, uma parte importante da base da IE é uma consciência de que as emoções estão conectadas ao cérebro e existe um propósito para elas.

O que é a emoção? Um sentimento? Mas o que é um sentimento? Esses temas são de difícil definição, e é ainda mais difícil entendê-los por completo. As pessoas vêm tentando entender o fenômeno há milhares de anos. Ao longo desse tempo, houve uma ampla variedade de opiniões científicas em relação à natureza e à importância das emoções. Alguns psicólogos defendem a ideia de que a emoção é desnecessária; o comportamento é a questão central, e o estímulo ou a ameaça produzem respostas instintivas. Outros acreditam que as ideias sobre estimulação e "ativação" são menos confusas do que teorias complexas de emoção e desenvolvimento. Alguns psicólogos afirmam que a emoção é o principal sistema motivacional do corpo, uma função visceral dos órgãos acionada pelo sistema nervoso autônomo, enquanto outros dizem que os seres humanos são seres essencialmente racionais – nossa "razão de ser" é basicamente cognitiva/intelectual, e é a lógica e o julgamento que estão em nosso núcleo.

Qualquer que seja a verdade dessas ideias, as pessoas se cercam de pessoas e objetos com os quais apresentam uma ligação emocional, e para muitos a "razão de ser" é a ternura dessa conexão. A maioria dos psicólogos reconhece o imenso poder que as emoções têm para modelar o entendimento, os modos de pensar, as decisões tomadas e os hábitos e atitudes adotados. A ciência cognitiva já demonstrou repetidas vezes o papel que a emoção desempenha na tomada de decisão, ao ponto em que, se a lógica e o sentimento apontarem em direções opostas, a maioria das pessoas seguirá seus instintos.

No dia a dia, pessoas do mundo inteiro sofrem com as dificuldades de lidar com as próprias emoções e com os problemas práticos criados pelas emoções dos outros. Distúrbios emocionais afetam um número imenso de pessoas. Em 2010, o governo do Reino Unido estimou que 15% da população terá um surto de depressão grave em algum momento da vida (as mulheres têm probabilidade duas vezes maior de sofrer de depressão do que os homens, embora estes tenham probabilidade muito maior de cometer suicídio). Dois por cento dos adolescentes do Reino Unido são diagnosticados com distúrbios emocionais antes dos dezoito anos; e esse tipo de distúrbio na velhice também é um problema sério e cada vez mais frequente. A inteligência emocional é importante para a própria saúde mental, oferecendo a capacidade de entender a si mesmo e de como lidar com as pressões do dia a dia.

PARTE I:
A ESTRUTURA DA INTELIGÊNCIA EMOCIONAL

A estrutura da inteligência emocional destacada nesta parte do livro serve para pessoas ocupadas que querem desenvolver a IE, mas que talvez não tenham a oportunidade de se aprofundar em pilhas de livros grossos.

A estrutura descreve os quatro elementos inter-relacionados centrais para uma abordagem emocionalmente inteligente. Eles determinam a eficácia com que você entende e interage com outras pessoas. Cada elemento envolve uma grande variedade de ideias e habilidades. Além de melhorar o seu desempenho, ao entender esses elementos e colocá-los em prática você terá uma influência sobre seu humor e a sensação de conforto ao lidar com os outros. Dito de forma simples, os principais componentes são:

1. Autoconhecimento;
2. Controle das emoções;
3. Compreensão dos comportamentos e dos sentimentos dos outros;
4. Controle das relações (uso de habilidades sociais eficazes).

Vamos analisar cada um deles em maior detalhe.

1. Autoconhecimento

Entender a si mesmo é provavelmente o ponto de partida da inteligência emocional; isso oferece uma base para o autocontrole, a identificação de emoções nos outros e o controle das relações nessa situação. Quando alguém fala de autoconhecimento, a primeira coisa que você pode pensar é como o seu comportamento afeta os outros e o que eles pensam de você. "Ver a nós mesmos como os outros nos veem" é um mantra repetido várias e várias vezes em relação a habilidades de comunicação, negociação, gestão de equipe, política e mídia há muitos anos. Mas o que isso significa?

EXPERIMENTE AGORA!

1. Pense em uma pessoa que você conhece e nas situações quando você a encontra. Como elas são? Escreva uma descrição breve.

2. Analise a descrição escrita. Sobre quantos fatores diferentes você escreveu? Quais são as principais perspectivas que ajudam você a formar uma opinião sobre eles?

A autoconsciência tem a ver com entender a si mesmo e saber o que motiva você e por quê.

O passado e a autoimagem exercem um papel importante na forma como você decide interpretar o comportamento dos outros. Mais importante ainda: eles também determinam o modo como você age e o efeito que tem sobre os outros.

Quando você olha para outras pessoas, observa muitos aspectos que modelam as suas percepções delas. As primeiras impressões são importantes, porque influenciam a maneira como você interpreta o comportamento inicial dos outros. Elas podem ser baseadas na maneira do contato inicial, na aparência física, na vestimenta, na cordialidade, nos modos, no sotaque e em muitas outras características. Todos temos comportamentos individuais próprios, que modelam o julgamento que as pessoas fazem de nós. Tais comportamentos muitas vezes têm origem no seu passado ou demonstram o que você valoriza. Alguns desses fatores formadores de comportamento são:

- as lições que você aprende, quando criança e mais tarde na vida, sobre o que é aceitável;

- as necessidades de afeto, ternura ou intimidade (ou frieza, distância e formalidade);
- as crenças e os princípios que você tem sobre si mesmo, sobre como a vida é e sobre outras pessoas;
- o tipo de instinto ou "voz interior" que oferece discernimento ou diz o que é importante;
- as "estratégias cognitivas": formas de pensar que determinam o conforto ou o desconforto com pessoas e coisas;
- o estilo de vida almejado;
- a forma como você quer ser visto pelos outros;
- as metas que você tem e a sua razão de ser;
- as coisas que você descarta, rejeita ou com as quais tem dificuldade de lidar.

Seria ótimo pensar em nós mesmos ou nos outros como agentes livres que determinam quem somos ou o que fazemos. A inteligência emocional pode ajudar nisso. Mas a maior parte da sua motivação interna, e sem dúvida a forma como você reage aos outros, vem das próprias experiências passadas. As figuras de autoridade que você encontrou, seus pais ou avós, os modelos que você criou e os gerentes para quem trabalhou – todos desempenham uma função na modelagem e no condicionamento de quem você é e no efeito que cria sobre os outros. O mesmo vale para a forma como você reage às emoções sentidas.

NÃO ESQUEÇA!!!

A autoconsciência tem a ver com entender a si mesmo e saber o que motiva você e por quê.

O passado e a autoimagem exercem um papel importante na forma como você decide interpretar o comportamento dos outros. Mais importante ainda: eles também determinam o modo como você age e o efeito que tem sobre os outros.

A ATENÇÃO PLENA E O ENTENDIMENTO DAS EMOÇÕES

Você já foi de carro para o trabalho e, ao chegar, não conseguiu se lembrar do trajeto? Ou passou uma manhã atendendo clientes e teve dificuldade em se lembrar mais tarde do que aconteceu? Estar no piloto automático reduz o seu envolvimento consciente no que está fazendo, o que acarreta riscos. Você não quer ficar na frente de um motorista no piloto automático, nem ser atendido por alguém que não esteja prestando atenção no que você precisa.

Porém, estar no estado de desatenção do piloto automático expõe você a outros problemas. Você pode se tornar propenso a antigos hábitos e comportamentos, talvez fazendo com que as pessoas pensem que não está interessado nelas. Eventos e situações à sua volta podem acionar antigos sentimentos e sensações que se tornam barreiras e pioram o seu humor. Talvez você não perceba sinais importantes das pessoas com as quais está lidando, o que sugere que é melhor fazer algo diferente e sem demora.

Ao se tornar mais ciente de seus pensamentos, sentimentos e sensações corporais na medida em que ocorrem, você está criando a base de maior liberdade e escolha da forma como age e a oportunidade de ser mais sensível aos outros. Você não precisa adotar um conjunto de princípios rígidos ou hábitos que causaram problemas no passado e pode optar por agir de modo diferente, talvez construindo relacionamentos mais produtivos e lidando melhor com o estresse.

O que isso significa, é evidente, é que talvez você também precise desenvolver outra dimensão da sua abordagem de solução de problemas. A maioria de nós desenvolveu, em maior ou menor medida, um conjunto de ferramentas de raciocínio crítico para consertar problemas. Pensamento analítico, solução de problemas e discernimento são muito importantes para uma pessoa emocionalmente inteligente. Mas problemas de relacionamento, com emoções ou com as próprias reações inconscientes a situações talvez não respondam da mesma forma que um problema de logística ou alocação de recursos.

Então, que habilidades extras você precisa para lidar com as pessoas de maneira atenta ou autoconsciente? Tente refletir sobre a própria experiência:

> **PENSE NISSO**
>
> Quando você está em uma discussão difícil, quando se torna ciente do seguinte? Dê a si mesmo uma pontuação entre 1 e 5 (1 = imediatamente, 5 = dias depois ou nem percebe).

O reconhecimento das emoções sentidas _____

A necessidade de relaxar o corpo quando se sente tenso _____

Como você ficou agitado _____

A necessidade de fazer algo em relação ao estresse sentido _____

A necessidade de transmitir empatia _____

Que os outros não estão compartilhando suas ideias e objetivos _____

A necessidade de obter o compromisso dos outros _____

Como você está sendo negativo ou positivo _____

A necessidade de mudar de atitude para desenvolver a motivação _____

A necessidade de demonstrar seu senso de humor _____

Como você se saiu? O aspecto mais importante do exercício é se você percebe o que está sentindo à medida em que acontece. Então, se usou muitas vezes o número 5, você é como muitas pessoas: faz as coisas e pensa depois. Você precisa desenvolver uma sensibilidade sobre o que está acontecendo agora para poder responder na hora. Problemas de metas confusas são mais bem-assimilados de imediato. Quando estão se sentindo indecisas ou vulneráveis, as pessoas precisam de empatia na mesma hora, e não depois.

Atenção plena (*Mindfulness*) significa prestar atenção intencionalmente no que está acontecendo no momento presente, sem julgar se é certo ou errado. Enfatiza uma maneira colaborativa de trabalho e se baseia na habilidade de escuta. Você também precisa controlar as próprias emoções, assim pode "ouvir" o que está acontecendo.

Parte da atenção plena é saber o que você está sentindo à medida em que acontece. Ser capaz de nomear a emoção que você sente não é uma ideia sentimentalista sobre a sensibilidade. A classificação dela envolve um raciocínio consciente sobre o que está acontecendo e a escolha de como reagir. Isso lhe dá a capacidade de registrar o impacto da emoção (que ativa o sistema límbico), além de acionar o controle por meio de um envolvimento maior das outras partes do cérebro (estruturas cognitivas).

Esse equilíbrio entre pensamento e emoção oferece mais controle sobre os sentimentos que você sente ao ativar estruturas diferentes do cérebro. A atenção plena é um elemento importante na inteligência emocional, porque aumenta a consciência e oferece melhor controle. Com ela, você sabe quando a sua abordagem ao lidar com os outros está se distorcendo.

PENSE NISSO

Leia a lista abaixo e pense se você tende a fazer essas coisas. Se faz, com que frequência isso acontece?

- Ignora ou afasta sentimentos, problemas ou dificuldades de modo inconsciente.
- Comporta-se de formas que não correspondem ao modo como realmente pensa ou sente.
- Torna-se infantil ou adota uma posição de defesa.
- Racionaliza as coisas que o deixam mal ou insatisfeito.
- Projeta os sentimentos nos outros.
- Representa os próprios pensamentos ou sentimentos como os pensamentos ou sentimentos dos outros.

Descrição das emoções

Conforme mencionado anteriormente, ser capaz de identificar e nomear as emoções conforme surgem é uma parte importante da atenção plena. Se você consegue encontrar palavras para descrever como se sente na hora e (ainda melhor) qual é a causa, automaticamente se tornará mais sensível e consciente. Ao fazer isso, você terá opções:

- pode decidir que não quer se sentir assim;
- pode decidir que os sentimentos são sobre coisas do seu passado, em vez da situação atual;
- pode começar a pensar, de forma mais tangível, sobre o que os outros fizeram para que você se sentisse assim;
- também pode começar a pensar sobre os sentimentos das outras pessoas.

Quando você pensa sobre os próprios sentimentos, geralmente avalia a intensidade com que os sentiu por meio da escolha de palavras.

A lista abaixo ilustra a grande variedade de palavras que as pessoas usam para descrever emoções; todos esses termos são usados para classificar as emoções que surgem de apenas um sentimento: confusão. Observe a forma como a intensidade dos sentimentos é expressa com o uso de palavras diferentes:

Sentimento forte: desnorteado, caótico, confuso, nervoso, perturbado, abalado, alarmado, espantado, atordoado, desconcertado, aturdido, imobilizado.
Sentimento médio: intrigado, embaraçado, inquieto, perdido, frustrado, desorientado, atrapalhado, perplexo, preocupado.
Sentimento leve: distraído, incerto, desconfortável, indeciso, inseguro.

Os pesquisadores diferem sobre se há uma lista definitiva de emoções e se algumas são mais essenciais do que outras. De qualquer forma, com uma seleção tão ampla de termos, fica fácil perceber por que a definição de emoções pode ser difícil. Porém, conseguir dar nome aos sentimentos ajuda a permanecer no controle de si mesmo. Escolher e usar palavras para descrever como você se sente em determinado momento realmente ajuda a ativar partes do cérebro que não sejam aquelas utilizadas basicamente para emoção e reação. (O Capítulo 7, "Inteligência emocional e saúde", traz mais informações sobre isso.)

Tente pensar também no que está por baixo dos seus sentimentos. Por exemplo, um sentimento de irritação pode, na verdade, resultar de um sentimento de inferioridade: "Fico *irritado* quando meu chefe usa palavras difíceis. Eu uso palavras simples. Ele me faz sentir *inferior*. Não é justo, minhas ideias são tão boas quanto as dele". Dar nome aos sentimentos subjacentes também pode ajudá-lo a entender a si mesmo e o que você talvez precise para manter o controle.

A CADEIA EMOCIONAL

Para entender o processo que leva ao modo como sentimos e reagimos, pense no seguinte cenário:

Você está caminhando em um parque mal-iluminado tarde da noite. Ouve sons de passos atrás de você. Percebe que o coração bate mais rápido e começa a tremer. Sua respiração acelera e você fica atento às sombras escuras que se movem perto de você. Sabe que algo está prestes a acontecer. Está sentindo medo e começa a correr...

Essa situação envolveu quatro processos mentais e fisiológicos:

Alerta   Interpretação   Estímulo   Comportamento

Em que ordem você acha que eles aconteceram?

Há diversas ideias bem conhecidas sobre o processo envolvido na geração de sentimentos e emoções. Na maior parte, descrevem uma sequência que envolve a percepção (por vezes bem pequena) de coisas que acionam o pensamento sobre sua significância ou significado. Dependendo se o significado é percebido como positivo ou negativo, alterações na química cerebral alertam o corpo sobre qualquer atividade física que possa ser necessária; por exemplo, na situação recém-descrita, a necessidade de "luta ou fuga" para sobreviver. Você percebe o corpo à medida que ele muda.

É nesse ponto que você percebe estar sentindo algo – curiosidade ou medo, felicidade ou irritação – associado à mudança física. Esse conhecimento, por sua vez, gera outro pensamento sobre o que fazer e como reagir.

Se você optou por estímulo seguido de interpretação e, depois, alerta e comportamento, essa resposta estaria de acordo com as principais ideias sobre como as emoções influenciam nossas reações.

PENSE NISSO

Sintonizando os sentimentos

Há muitas coisas acontecendo neste exato momento, estímulos à sua volta no seu ambiente imediato, sentimentos corporais, e pensamentos e sentimentos na mente que você talvez nem perceba de modo consciente.

Você estava prestando atenção ao ambiente em que se encontra? Pare por um instante e feche os olhos ao refletir sobre as perguntas a seguir:

- Qual é a temperatura?
- Que cheiro tem?
- Você está sentado no quê?
- É confortável?

Em relação ao corpo:
- Você sente alguma dor?
- Os músculos estão tensos ou relaxados?
- O estômago está cheio e você está satisfeito ou está vazio a ponto de doer?

Reflita sobre as seguintes questões:
- Que pensamentos estiveram ocupando a sua mente nos últimos dois ou três minutos?
- Para onde eles o levaram fora do ambiente em que você se encontra?

PERCEBER E ENTENDER OS SENTIMENTOS

O exercício de autoconsciência anterior serve para fazer você pensar sobre quantos gatilhos existem para os sentimentos, pensamentos e percepções. Mas a autoconsciência é mais que prestar atenção por completo. É mudar *a forma como* se presta atenção.

A maioria das pessoas diria que presta atenção em coisas ao redor; é claro que fazemos isso, mesmo que seja somente para realizar as coisas que precisam ser feitas. Geralmente as coisas são percebidas através de um tipo de "visão de túnel". Se você tem estado cronicamente infeliz, por exemplo, tende a ver as coisas através desse prisma. E, com um problema específico em mente, qualquer coisa que não tenha relevância imediata sai do campo de visão.

A consciência real exige que você ligue uma chave, concentrando-se em responder à seguinte pergunta: "O que está acontecendo dentro de mim neste momento?". Significa suspender o julgamento por um instante e deixar as metas no modo de espera enquanto você descreve o que está *realmente acontecendo*, em vez do que *acha que deveria* estar ocorrendo.

Estar aberto significa desligar a chave com a etiqueta "piloto automático", na qual você tende a operar por longos períodos. Isso proporciona uma noção mais vívida da situação e ajuda a perceber as pistas que lhe dizem como as outras pessoas estão se sentindo ou reagindo a você. Você sente coisas que talvez nunca tenha percebido antes e se torna mais ciente se as reações comuns são apropriadas. A atenção plena pode transformar a forma como você entende situações e oferece muito mais opções para reagir a elas.

NÃO ESQUEÇA!!!

A autoavaliação precisa envolver:

- conhecer os próprios pontos fortes, pontos fracos e limitações;
- estar aberto ao que está acontecendo ao seu redor;
- valorizar o feedback;
- ter senso de humor e perspectiva;
- ser capaz de refletir e de aprender com a experiência;
- estar aberto à mudança.

ABRIR-SE A NOVAS EXPERIÊNCIAS

Na última seção, começamos a identificar o efeito e os riscos de operar no piloto automático. A autoconsciência ajuda a operar de modo consciente, imparcial e alerta. Também é preciso limitar o comportamento do piloto automático por outro motivo: abrir o caminho para sentir algo de que não se estava ciente.

As reações são, muitas vezes, baseadas em eventos e interações significativos do passado; elas são modelos de comportamentos, sentimentos e opções construídos para servirem de inspiração na hora de lidar com novas situações. Uma parte significativa desse "mapa" se desenvolve no início da vida e é, em grande parte, determinada pelas pessoas e situações vivenciadas. É comum agir de acordo com o mapa, em vez de ver a realidade da situação. A atenção plena, estar ciente do que está acontecendo ao seu redor, ajuda a parar de viver no piloto automático e abre o caminho para que você veja novas possibilidades. Pode-se mudar comportamentos antigos que não atingiram o objetivo desejado ou procurar maneiras diferentes de reagir que farão com que os outros respondam de modo positivo. Também se pode responder de formas que fazem você se sentir melhor sobre a situação em geral.

Uma sensação de otimismo

Você se descreveria como *otimista* ou *pessimista*? As pessoas diferem na forma como se descrevem porque têm *expectativas* distintas sobre eventos futuros. Considere, por exemplo, a realização de metas pessoais e os benefícios que você obterá. Os otimistas geralmente são confiantes a respeito do futuro e se caracterizam por uma crença de que os resultados serão positivos. Os pessimistas têm um senso generalizado de dúvida, muitas vezes são hesitantes e talvez cínicos sobre resultados futuros, possivelmente acreditando que "nenhuma expectativa significa nenhuma decepção". Decepções passadas podem levar ao medo do futuro.

O otimismo é melhor que o pessimismo

Pesquisas no campo da psicologia positiva constataram muitas vantagens em se adotar uma perspectiva otimista:

- os otimistas se adaptam melhor quando passam por eventos de vida negativos; por exemplo, eles têm melhores índices de sobrevivência e/ou recuperação para cirurgia de revascularização do miocárdio, transplantes de medula óssea, câncer de mama e Aids;
- eles sofrem menos aflição ao lidar com dificuldades na vida, o que resulta em índices mais baixos de depressão e ansiedade;
- o otimismo é uma estrutura valiosa para enfrentar problemas. Ele é propício ao humor, identificando possibilidades e visualizando o problema de outra perspectiva. Como habilidade de enfrentamento, possibilita aceitar o inevitável e aprender para lidar com eventos futuros. É uma habilidade de enfrentamento mais eficaz do que o pessimismo;

- os otimistas enfiam menos a cabeça na areia do que os pessimistas, o que talvez surpreenda. Eles respondem a advertências de saúde com mais rapidez e percebem problemas graves antes que os pessimistas (que geralmente tentam se distanciar dos problemas);
- os otimistas parecem ter maior "aderência" do que os pessimistas, que (talvez prevendo o fracasso) desistem mais rapidamente;
- as suposições otimistas tendem a gerar respostas mais flexíveis.

Há um lado negativo?

Os otimistas por vezes podem subestimar riscos e por isso têm maior probabilidade de participar de atividades perigosas. Não estou certo sobre quantos pessimistas se arriscariam a fazer *bungee jumping*! Sob esse aspecto, talvez estaríamos em melhor condição com um misto de pessimismo e otimismo. Ao lidar com os outros, no entanto, a inteligência emocional é muito mais uma característica de otimistas do que de pessimistas.

Há uma série de estratégias para combater estilos pessimistas de pensamento. Uma das principais é modificar a forma como você explica as causas e a influência de eventos positivos e negativos.

As três explicações para o otimismo

Existem três explicações que ilustram as diferenças entre otimistas e pessimistas; elas dependem de os eventos serem interpretados como **permanentes ou temporários, globais ou específicos** e causados **interna ou externamente**. Os exemplos a seguir ilustram os diferentes pontos de vista gerados.

Contratempos são vistos por pessoas de *baixo otimismo* como:
- permanentes;
- predominantes;
- pessoais.

Pessoas de *alto otimismo* os veem como:
- temporários;
- específicos de cada situação;
- causados por eventos externos.

O **sucesso** é visto por pessoas de *baixo otimismo* como:
- temporário;
- específico de cada situação;
- enraizado em fatores externos.

Pessoas de *alto otimismo* o veem como:
- permanente;
- tendo significância disseminada;
- derivado das pessoas envolvidas.

Problemas de longo prazo (como a dificuldade em fazer apresentações) são assim explicados por pessoas de *baixo otimismo*:
"Eu sempre acho difícil fazer apresentações."

Pessoas de *alto otimismo* os explicam assim:
"Às vezes eu acho um pouco difícil fazer apresentações."

Problemas ao lidar com situações estranhas são explicados assim por pessoas de *baixo otimismo*:
"Não gosto de lidar com situações estranhas."

Pessoas de *alto otimismo* os explicam assim:
"Não lidei bem com aquela situação."

A **realização pessoal** (como o sucesso em vendas) é assim explicada por pessoas de *baixo otimismo*:
"Esse produto é fácil de vender."

Pessoas de *alto otimismo* a explicam assim:
"Me esforcei bastante para isso."

O psicólogo positivo Martin Seligman argumenta que é possível adquirir "otimismo aprendido", mitigando o impacto negativo de uma atitude mais pessimista ao desafiar o modo como se pensa sobre as coisas.

Seligman sugere que a psicologia deve explorar tanto os pontos fortes quanto os pontos fracos. Com uma experiência extensa com pacientes deprimidos que adquiriram o que ele descreve como "desesperança aprendida", ele passou a desenvolver o conceito de "otimismo aprendido". Em pesquisas conduzidas no setor de seguros, Seligman e seus colegas verificaram que os otimistas contratados como novos vendedores vendiam 37% mais seguros nos primeiros dois anos do que os pessimistas.

A empresa, então, contratou um grupo especial de indivíduos com alta pontuação em otimismo. Muito embora não tivessem a experiência normal exigida para vendas, conseguiram vender 21% mais do que os pessimistas mais experientes no primeiro ano e ainda mais no segundo.

Desafiar o próprio pensamento pessimista significa perguntar a si mesmo:

- Quais as evidências para os pensamentos negativos?
- O pensamento pessimista está relacionado a eventos passados? As coisas mudaram agora?
- Você consegue encontrar uma explicação alternativa ou outras evidências para a situação?
- Mesmo que não haja uma explicação positiva, faz alguma diferença?
- Quais são as implicações da situação?
- Ela é mesmo nociva?
- E se você não conseguir encontrar uma explicação otimista para a causa, qual perspectiva seria mais útil para o seu humor?

NÃO ESQUEÇA!!! O otimismo costuma ser uma consequência da IE. Ele tem a ver, quando as coisas dão errado, com a tendência a ver as causas como específicas, temporárias e associadas a fatores externos.

O otimismo envolve autoconsciência precisa e a capacidade de assumir o controle de ansiedades e frustrações e de controlar interações de uma forma que reduz o estresse, em vez de sucumbir a ele.

Os pessimistas têm menos probabilidade de ter essas características. Diferente dos otimistas, eles também tendem a ver as causas como disseminadas, ou mesmo universais, permanentes e, muitas vezes, resultantes de fraquezas internas.

Leia mais sobre os benefícios do otimismo e da empatia no Capítulo 5, "IE e o ambiente de trabalho".

AUTOESTIMA E CONFIANÇA

Todo mundo tem uma opinião sobre o tipo de pessoa que é e sobre como se relaciona com os outros. Essas opiniões estão no cerne da sua autoestima e afetam o modo como você se sente e valoriza a si mesmo.

A autoestima não é estática nem fixa. As crenças que você tem sobre si mesmo podem mudar no decorrer da vida, e eventos como demissão ou o rompimento de um relacionamento podem dar um grande baque na sua confiança. Se você tem uma autoestima alta, geralmente se enxerga a partir de uma perspectiva positiva. A autoestima alta pode ajudar você a se recuperar, atuando como um para-choque que aumenta a sua resiliência. Uma pessoa com baixa autoestima costuma acumular crenças negativas sobre si mesma, concentrando-se nas coisas vistas como fraquezas e, por consequência, tendo sentimentos como a ansiedade.

Os tipos de crença que você desenvolve, muitas vezes desde a infância, fazem a diferença entre alta e baixa autoestima. Se as crenças são basicamente negativas, existem evidências de que elas podem aumentar o risco de problemas de saúde mental, inclusive depressão e distúrbios do humor. Autoestima e confiança baixas apresentam uma relação íntima com o humor e a autoimagem, por isso é importante perceber que as crenças são somente opiniões, e não fatos. Elas podem ser tendenciosas ou inexatas, e há medidas que você pode adotar para mudá-las.

DICA ÚTIL — Se você acha que talvez seja útil trabalhar na sua autoestima, pode tentar manter um diário ou registro de pensamentos por algumas semanas. Escreva os detalhes das situações, como você se sentiu, sobretudo quando a autoestima estava baixa, e qual você acha que foi a crença subjacente. Conforme identifica as crenças centrais que você tem sobre si mesmo, pode começar a desafiá-las e mudá-las.

O que causa a baixa autoestima?

Não há causas universais para a baixa autoestima, porque é provável que o seu desenvolvimento até então tenha sido um processo extremamente individual. A sua personalidade e quaisquer características herdadas irão ter alguma influência, e suas experiências e relacionamentos são importantes. Experiências negativas na infância costumam ser especialmente prejudiciais para a autoestima. Nos primeiros anos de vida, a sua personalidade e noção de si próprio estão sendo formadas, e experiências negativas podem deixar você com a sensação de que não é valorizado nem importante. Você ainda não teve a oportunidade de desenvolver nenhuma resiliência e, portanto, essa visão negativa pode se tornar o que você acredita sobre si mesmo.

Crenças centrais negativas sobre inteligência, aparência e capacidades são muitas vezes formadas por experiências como as seguintes:

- ter as necessidades emocionais e físicas negligenciadas na infância;
- não atender às expectativas dos pais;
- sentir-se deslocado na escola;
- estar sujeito a abuso – sexual, emocional ou físico – e à perda de controle associada a isso;
- isolamento social e solidão.

A baixa autoestima também é alimentada por um círculo vicioso de experiências: você aprende a esperar o pior e, quando acha que está começando a acontecer, reage mal porque no fundo, e o tempo todo, está se sentindo ansioso. Você pode tremer, ruborizar ou entrar em pânico, ou se comportar de uma maneira que acredita ser "segura"; por exemplo, pessoas tímidas ou vulneráveis que não participam de eventos sociais sozinhas. É provável que o "comportamento de segurança" confirme as crenças centrais negativas que você tem sobre si próprio. Isso contribui com o seu estoque de exemplos, deixando você com a sensação de que tem ainda menos chance de enfrentar a situação na próxima vez. É um ciclo que pode parecer indestrutível.

Fortalecimento da autoestima

As dicas a seguir podem ser bastante úteis. Não deixe de conferi-las durante o dia. Elas deverão manter você positivo e motivado a aumentar a sua autoestima.

1. Pare de se comparar com os outros.
2. Não se ponha para baixo.
3. Adquira o hábito de pensar e dizer coisas positivas sobre si mesmo.
4. Aceite elogios.
5. Use livros e sites de autoajuda para ajudá-lo a mudar suas crenças.

6. Conviva com pessoas positivas e apoiadoras.
7. Reconheça suas qualidades positivas e as coisas nas quais você é bom.
8. Seja confiante; não deixe as pessoas tratarem você com falta de respeito.
9. Seja solícito e atencioso com os outros.
10. Participe de trabalhos e hobbies dos quais você gosta.

Vimos que a autoestima tem origem em crenças centrais sobre o valor que você tem como pessoa. Se você deseja aumentar a inteligência emocional, precisa desafiar e mudar as crenças negativas. Pode parecer uma tarefa impossível, mas há várias formas distintas de realizá-la. Uma das principais questões é ter um senso de propósito e direção, conforme explicado na seção seguinte.

Propósito e direção

Pessoas com inteligência emocional forte costumam ser vistas como possuidoras de um caráter independente, sem medo de questionar o que está acontecendo, e com um conjunto de valores que não se importam em compartilhar e discutir. Da mesma forma, têm uma noção clara de direção, sobre a qual são também objetivos.

PENSE NISSO

O que você quer atingir na vida ou na carreira, e quais são os seus planos para obter sucesso?

Tendo isso em mente, pense nas perguntas a seguir:

- Que tipo de reação você acha que é provável se você for visto pelos outros como passivo ou indiferente?
- Para você, quais poderiam ser as consequências se não conseguisse manifestar opiniões diferentes ou desafiadoras, talvez até impopulares?

- E que tipo de reação você poderia receber se fosse visto pelos outros como indeciso ou se congelasse sempre que as coisas fossem incertas?

Resposta: é improvável que você adquira respeito ou que tenha influência sobre os outros!

O aspecto do autoconhecimento da inteligência emocional diz respeito ao entendimento da forma como você tenta obter a confiança dos outros e influenciá-los. A boa autoconsciência inclui conhecer os seus pontos fortes e fracos – os comportamentos nos quais você tem talento e aqueles que precisa desenvolver para se tornar mais eficaz. Em essência, envolve a reflexão cuidadosa sobre o que você quer atingir e se consegue equilibrar a motivação em organizar as coisas (sistemas, procedimentos e tarefas) com a importância do lado emocional da empreitada.

Agir com resolução

Conhecer os seus pontos fortes e fracos pode ser um grande passo rumo à confiança pessoal e à comunicação eficaz. Saber a sua posição e ter um conjunto claro de valores e crenças também são pré-requisitos para a confiança e o impacto. O sentido de sustentação e autoconfiança que essas qualidades podem lhe dar foi descrito, muitos anos antes de a inteligência emocional ser conhecida como tal, por William Pitt, o Novo, em sua descrição de como deve ser um ministro da coroa comprometido. Pitt disse:

> Gosto de saber onde me posiciono, de poder ser honesto sobre o que penso, confortável com a forma como me sinto e genuíno sobre o que digo [...] Quando se entra num covil de ursos como a Câmara dos Comuns, você pode ter uma visão do futuro, mas sente como se tivesse os dois pés plantados no mesmo solo sobre o qual caminham pessoas comuns.

ESTUDO DE CASO

Um senso de propósito, motivado por valores, é uma força poderosa. O impacto criado é ilustrado pela fabricante japonesa de tecnologia de cerâmica Kyocera. Seu fundador, Kazuo Inamori, acredita que "a força ativa em qualquer aspecto dos negócios são as pessoas [...] elas têm vontade, mente e modos de pensar próprios. Se não estiverem motivadas para o desafio, simplesmente não haverá crescimento, ganho de produtividade ou desenvolvimento tecnológico". Sua visão era explorar o potencial das equipes com um lema corporativo: "Respeite o céu e ame as pessoas". O impacto que suas crenças provocaram, longe de ser excessivamente romântico em um mundo corporativo, fez com que a Kyocera passasse de empresa recém-criada para um faturamento de 2 bilhões de libras em trinta anos, quase sem tomar dinheiro emprestado e atingindo níveis de lucro que são a inveja de banqueiros do mundo inteiro.

A inteligência emocional fortaleceu a visão que motivou Inamori e toda a sua equipe. A visão foi que a ânsia de construir algo – criar – reside em todos nós. A justaposição de visão e realidade atual gerou o que a Kyocera descreve como "tensão criativa que todos adoram tentar resolver". A abordagem emocionalmente inteligente adotada foi garantir que todos pudessem compartilhar a visão de tentar criar. A alta administração garantiu que os controles, as limitações e as restrições fossem mantidos no menor nível possível.

PENSE NISSO

Qual é o propósito que motiva você no trabalho ou na vida pessoal? A sua visão o enche de empolgação e confiança? Até que ponto as pessoas com quem você se relaciona compartilham suas crenças e empolgação?

Expressando emoções

Como você se sente quando pede a alguém para lhe fazer algo que possa ser recusado? Para muitos, trata-se de um exercício verbal dificílimo. É preciso pedir de tal forma a fazer com que a outra pessoa consinta, o que envolve assegurar que a solicitação seja clara, específica e direta. Por outro lado, se você for direto demais, pode ofender o outro e reduzir a probabilidade de cooperação.

A abordagem é importante. Você pode achar que as coisas ficam mais fáceis se a pessoa estiver de bom humor. Parece sensato, mas estudos também sugerem que nossa abordagem é determinada com maior frequência pelo *nosso próprio* humor. Pessoas felizes interpretaram situações com mais otimismo do que as outras. Elas se expressaram de modo mais direto e, por vezes, mal-educado ("Faça logo isso, pode ser?"). Pessoas menos felizes usaram formas de solicitação mais formais e educadas. E em situações complexas, com solicitações mais exigentes e difíceis, esse "efeito do humor" foi ampliado.

A inteligência emocional exige uma consciência sobre como a emoção influencia o pensamento, o discernimento e os comportamentos interpessoais. Em algumas situações, talvez seja preciso lidar com problemas delicados; em outras, com pessoas sensíveis. Nossa própria emoção afeta nosso modo de pensar, tomar decisões e nos comunicar com os outros. Em alguns casos, a situação talvez exija conversar sobre os sentimentos das outras pessoas ou confrontar a forma com que nos afetam. A comunicação sobre emoções não é necessariamente objetiva.

PENSE NISSO

Falando sobre sentimentos

Em uma escala de 1 a 10, em que medida você se sente confortável ao falar sobre as próprias emoções (em que 1 significa que você tem muita dificuldade e 10 quer dizer que faz isso o tempo todo)?

Utilizando uma escala semelhante, com que facilidade você conversa sobre as emoções das outras pessoas?
Em sua opinião, qual é a pior situação na qual você teria que falar sobre emoções?
Para você, qual é a situação mais confortável para falar sobre emoções?
Nas situações do dia a dia, em que medida você está ciente da influência das suas próprias emoções?

O EFEITO DAS EMOÇÕES SOBRE O PENSAMENTO

As emoções têm um impacto multifacetado em tudo que se pensa e faz. Qualquer decisão tomada pode ser motivada por uma análise racional de evidências, uso de lógica e análise de dados, mas isso não é tudo. A maioria das decisões também envolve valores pessoais, as lições da experiência e o potencial impacto que a decisão pode ter sobre os outros. Se há conflitos entre pensamento e sentimento, as pessoas geralmente respondem às coisas entendidas do ponto de vista emocional. A capacidade de racionalizar decisões emocionais como lógica é um testemunho do poder das emoções.

Humores
Diferentes de emoções mais intensas, os humores são estados de espírito potencialmente dominantes, difusos e com relativamente baixa intensidade. Os humores diários, sejam bons ou maus, tendem a matizar os níveis de otimismo, relacionamentos, realizações e praticamente tudo o que fazemos. O efeito deles sobre como você se comporta também pode ser mais traiçoeiro, sutil e duradouro.

Por exemplo, para muitas pessoas o mau humor pode acionar respostas de estresse que geram as seguintes reações:

- afastar da própria consciência de modo inconsciente informações criadoras de ansiedade;
- reagir de maneira contrária a como realmente pensam ou se sentem;

- voltar a um estágio anterior do desenvolvimento, talvez se comportando de forma bastante dependente ou infantil;
- convencer-se de que existe uma razão aceitável para o comportamento quando o motivo real era inaceitável;
- redirecionar o comportamento ou a emoção para um objeto menos ameaçador (descontar frustrações, por exemplo, em objetos ou pessoas inocentes);
- projetar injustamente nos outros, muitas vezes de maneira inaceitável, as próprias atitudes, percepções, crenças ou sentimentos.

Os humores e as emoções mais intensas criam filtros através dos quais você comunica e gerencia os relacionamentos com os outros. Ao agir no piloto automático, as reações de estresse listadas antes ajudam a remover a pressão de curto prazo, mas podem criar problemas consideráveis, sobretudo para o indivíduo envolvido. Se continuar, o humor ou o estado emocional podem ter um efeito grave sobre a forma de processar informações, ver oportunidades e perceber riscos. Pode se tornar autodestrutivo e reforçar "esquemas" ou padrões emocionais negativos subjacentes que, por sua vez, filtram a maneira de perceber e processar informações.

Padrões subjacentes encontrados com frequência em pessoas com humor diminuído (mais ainda quando se identifica depressão grave) são muitas vezes descritos como "roteiros de vida". Eles podem incluir crenças como "Preciso depender de alguém mais forte do que eu", "Não consigo mudar nada", "Só acontecem coisas ruins comigo".

Emoções e perspectivas positivas e negativas

Pessoas que sentem emoções positivas:
- têm probabilidade de possuir opiniões positivas sobre os outros;
- esperam ser aceitas pelos outros;
- são positivas a respeito de suas aspirações;
- não têm medo das reações dos outros;
- trabalham mais para pessoas que exigem padrões mais altos;

- sentem-se mais confortáveis com pessoas talentosas;
- ficam à vontade em se defender contra comentários negativos dos outros.

Já pessoas que sentem emoções negativas:
- têm mais probabilidade de condenar os outros e a si próprias;
- esperam a rejeição;
- têm expectativas mais baixas e são mais negativas;
- são sensíveis e têm pior desempenho sob análise;
- trabalham mais para pessoas que não fazem julgamentos e são menos exigentes;
- sentem-se ameaçadas com facilidade;
- são mais facilmente influenciadas e têm dificuldade em se defender.

Conforme dissemos anteriormente, o autoconhecimento, para pessoas emocionalmente inteligentes, ajuda a entender a si próprio e o modo de pensar. É preciso perceber quando alguns desses problemas estão afetando você e a forma como podem distorcer o seu pensamento. É preciso estar atento a qualquer tendência rumo a:

- generalização exagerada
- descarte de coisas importantes
- ignorar aspectos positivos
- ausência de equilíbrio (pensamento "tudo ou nada")
- conclusões apressadas
- aumento ou redução de problemas
- parcialidade
- estereótipo de pessoas e situações
- incapacidade de se desligar de visões pessoais

ESTRESSE

Reação ao estresse

Enfrentar mercados dinâmicos, fazer malabarismo com tarefas, atingir metas difíceis e lidar com pessoas complicadas são dificuldades comuns que as pessoas devem enfrentar. Fora do local de trabalho, é preciso lidar com problemas de relacionamento, criação dos filhos e questões de assistência médica. Quando as pessoas acreditam que não conseguirão dar conta, o resultado é o estresse. É mais um exemplo da influência dominante que as emoções têm sobre o pensamento e o comportamento. As pessoas emocionalmente inteligentes precisam encontrar formas de lidar com isso, tanto para elas próprias como quando os sintomas são manifestados por outros.

Um questionário incluído no Capítulo 7, "Inteligência emocional e saúde", pode ajudar a formar uma ideia da sua tendência a ter estresse; consulte a página 167.

Estresse e ansiedade extremos produzem o que o eminente psicólogo Jerry Suls chama de "cascata neurótica" perigosa, que pode limitar em muito a capacidade de usar a inteligência emocional. A cascata neurótica refere-se ao efeito desestabilizante de pensamentos e sentimentos negativos que se combinam para diminuir a capacidade de enfrentamento. Nesse estado, problemas menores se amplificam de forma totalmente desproporcional. A dramatização exagerada de resultados negativos – ou "terrivelização" – e questões sobre enfrentamento são, por vezes, complementadas com mudanças de humor. Estas, por sua vez, resultam em pensamento distorcido e ainda mais estresse. Indivíduos emocionalmente inteligentes reconhecem esses problemas e usam estratégias competitivas para tolerar o estresse. Estratégias eficazes de enfrentamento permitem julgar qual é o nível tolerável para você e também para outras pessoas.

Porém, alguns parecem prosperar nesse tipo de situação. Veja o diagrama a seguir. Da esquerda para a direita, a linha preta em negrito mostra o impacto de um volume cada vez maior de estresse. Para começar, a quantidade de estresse sofrido não é suficiente para estimular o desempenho eficaz. Às vezes, as pessoas se encontram em situações que lhes dão estímulo ou desafio insuficiente para que valha a pena.

Ponto de virada

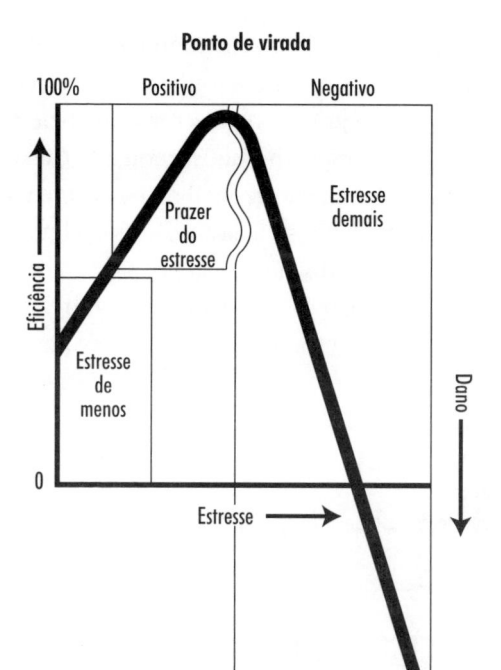

[Gráfico: eixo vertical "Eficiência" de 0 a 100%, eixo horizontal "Estresse". Curva que sobe (região "Positivo") e depois desce (região "Negativo"), com "Ponto de virada" no topo. Regiões marcadas: "Estresse de menos", "Prazer do estresse", "Estresse demais". Seta "Dano" apontando para baixo.]

Chega-se um ponto, logo depois disso, em que se atinge a quantidade ideal de estresse – o prazer de estar ocupado, o desafio de uma meta elástica porém atingível, a satisfação de obter um novo emprego por mérito próprio.

Em algum lugar, e ele difere em cada um, surge um ponto de virada em que as metas se tornam inatingíveis, os desafios já não podem mais ser superados e o estresse que era capacitante se torna excessivo. À medida que aumenta ainda mais, o volume de estresse sofrido passa a ser *incapacitante*, aumentando o risco de dano fisiológico. Estar nessa parte do modelo por períodos prolongados aumenta a correlação entre estresse, depressão e sistema imunológico, podendo ocorrer danos graves.

O estresse é um sintoma físico, e não uma raiz de problemas. A situação (ou estressor) em que os desafios escapam do controle causa a chamada reação de "luta ou fuga"; o sistema límbico cerebral ativa a resistência do corpo à ameaça por meio da distribuição de neuroquímicos e hormônios. O diagrama a seguir ilustra o processo.

O eixo vertical do gráfico representa o nível de tensão física sofrido quando o corpo está sob ataque, enquanto o eixo horizontal representa o tempo. A linha horizontal reta no centro representa o nível normal do corpo de resistência ao estresse. A linha curva mostra o aumento de tensão (medido pela pressão arterial, frequência cardíaca, alteração vascular etc.) que ocorre sob estresse, geralmente antes de se restabelecer a estabilidade e o corpo voltar ao normal.

Legenda: 1 Choque
2 Contrachoque
3 Resistência
4 Estabilização/Colapso

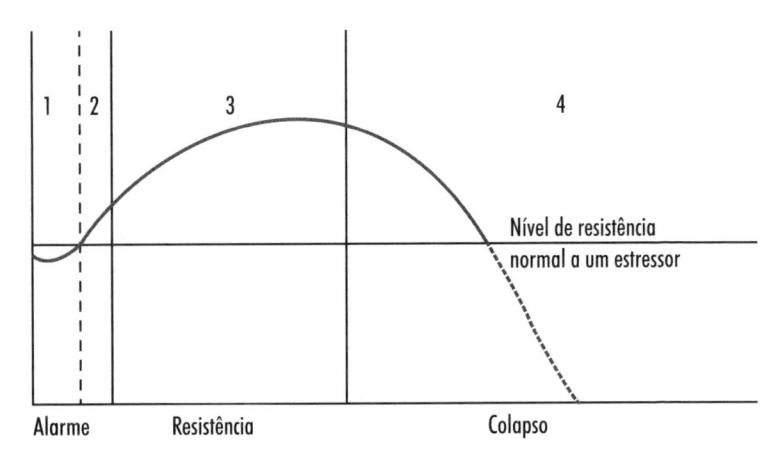

A reação corporal consiste nos seguintes estágios:

1. Choque: a percepção da natureza da situação e de suas demandas cria um choque instantâneo, gerando confusão, incerteza e perda de foco visual e cognitivo. Nesse estágio, as pessoas tendem a ter reações automáticas, embora uma alternativa, em algumas situações graves (sobretudo diante de agressão), é que as pessoas congelem, sem conseguir responder.

2. Contrachoque: ao perceber que você está em risco e talvez não consiga dar conta, a resposta de luta ou fuga é acionada e são liberadas as catecolaminas (inclusive adrenalina, noradrenalina e dopamina).

3. **Resistência:** as catecolaminas afetam o corpo de várias formas, aumentando o fluxo sanguíneo, oxigenando os músculos, evacuando o sistema digestivo, aumentando a acuidade visual e auditiva e elevando a sensibilidade à temperatura. Tudo isso trabalha em conjunto para que você possa combater melhor o risco.

4. **Estabilização/colapso:** conforme diminui o risco ou a ameaça, o corpo deve voltar ao estado normal, controlado pelas ações do sistema "parassimpático" – um ramo do sistema nervoso autônomo que serve para restabelecer o equilíbrio. No entanto, dependendo do nível da reação ao estresse, ou se o mecanismo de luta ou fuga for acionado com muita frequência, esse estágio pode resultar em colapso, em vez de se estabilizar ao nível normal de resistência. Isso cria um risco de dano a tecidos e órgãos que pode resultar em problemas no trato digestivo, colite ulcerativa, início ou agravamento da depressão e de doença cardiovascular e aceleração da progressão do HIV/Aids.

Mas por que algumas pessoas são aparentemente imunes ao estresse, ao passo que outras na mesma situação sofrem efeitos físicos e psicológicos incapacitantes?

As duas coisas que causam a ativação do sistema simpático (resposta de luta e fuga) são:

- Primeiro, o próprio estressor: essa é a característica de uma situação que cria ansiedade, como pressão, fortes demandas, ameaça pessoal ou risco excessivo.
- Segundo, a avaliação feita pelo indivíduo sobre a ameaça com base na personalidade e na experiência: se ele sente ou não que está apto ao enfrentamento. A causa imediata do estresse é a percepção de estar fora do controle, de ser incapaz de evitar o que pode ser visto como a ocorrência de consequências indesejadas.

A diferença entre o enfrentamento e a ausência dele explica--se, em grande medida, pela avaliação da ameaça: duas pessoas que enfrentam a mesma situação a avaliam de modo diferente. Outro fator que afeta a gravidade do estresse é o comportamento de enfrentamento adotado. É importante reconhecer que nem todas as opções para enfrentar o estresse são úteis. Recorrer ao álcool, ao tabagismo e à alimentação excessiva, por exemplo, pode fazer você se sentir melhor por um tempo, mas, mais à frente, vai lhe fazer mal. Isso é uma adaptação do comportamento ao estresse, mas de um modo nocivo (chamada de resposta desadaptativa). Geralmente se defende o relaxamento, embora não seja fácil se você está enfrentando situações com carga emocional. Exercício físico e confronto de problemas também são recomendados com frequência como comportamento adaptativo mais positivo.

As pessoas fazem escolhas sobre como lidar com o estresse, encontrando formas de enfrentamento que, caso a remoção do estressor não seja possível, as permitem adaptar o comportamento para reter uma perspectiva positiva. Isso é crucial para trabalhar com os outros e para garantir a própria saúde e bem-estar. Os quadros a seguir mostram alguns exemplos de comportamentos adaptativos positivos e negativos.

Estressor	Comportamento adaptativo
Excesso de trabalho	Delegar mais responsabilidade
Incerteza de política/situação	Encontrar qual é a política/situação
Relações de trabalho ruins	Discutir o problema com o colega e negociar uma relação melhor
Progresso lento na carreira	Trocar de empresa
Organização x família	Negociar com o chefe mais tempo com a família
Ambiguidade de funções	Buscar esclarecimento com colegas ou superiores

Estressor	Comportamento desadaptativo
Excesso de trabalho	Aceitar a sobrecarga e deteriorar o desempenho geral
Incerteza de política/situação	Adivinhar de modo inadequado
Mau relacionamento com colega	Atacar o colega indiretamente por terceiros
Progresso lento na carreira	Perder a confiança e se convencer da própria inadequação
Organização x família	Culpar a organização/indivíduos por problemas/descontentamento
Ambiguidade de funções	Tornar-se reativo/incerto/semear confusão

2. Controle das emoções

A visão que você tem de si mesmo, da sua confiança, autoestima, senso de propósito, e a consciência da forma como tende a reagir a situações oferecem a base do autocontrole, isto é, da capacidade de permanecer flexível e se comportar de modo positivo e eficaz, apropriado à situação em que você se encontra.

A autoconsciência é uma parte do equilíbrio entre você mesmo e os outros que está no cerne da inteligência emocional. Ela proporciona uma percepção importante sobre as necessidades e a motivação ao lidar com os outros. Por conta própria, porém, simplesmente saber como você se sente não ajuda a atingir expectativas e metas; na verdade, pode até causar mais problemas do que você imagina. Vejamos o caso da Janete, por exemplo.

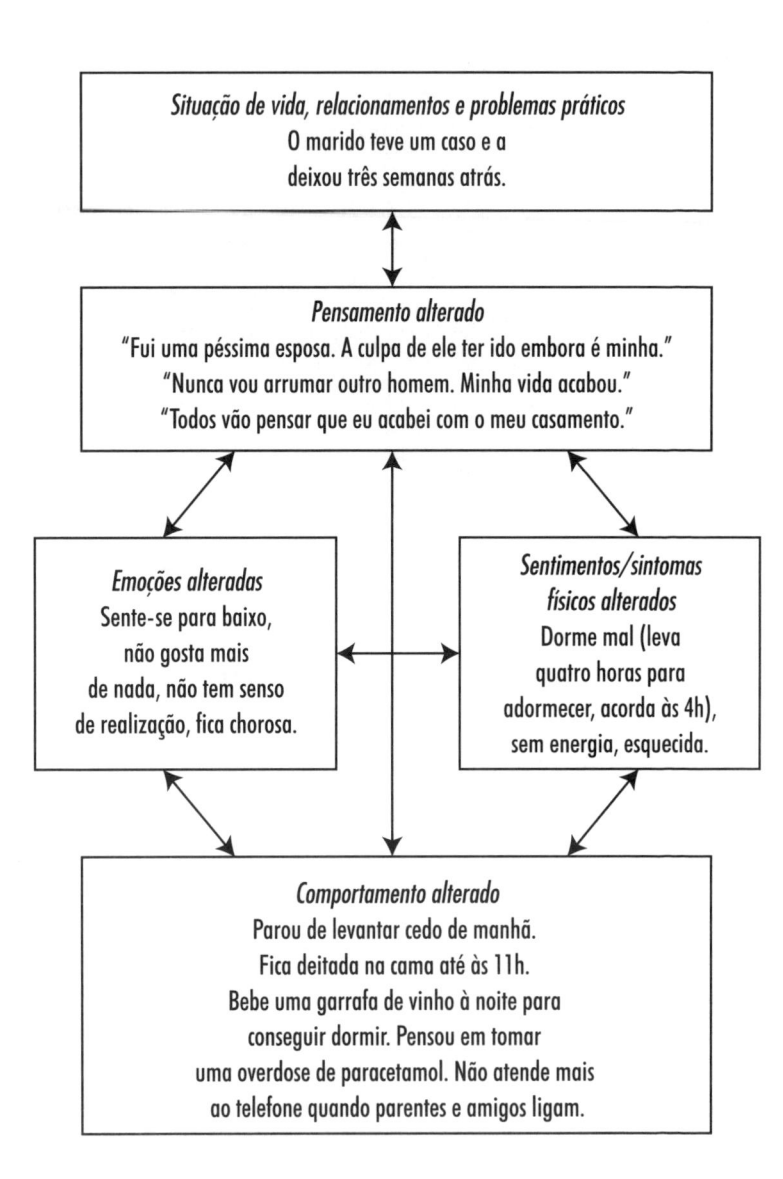

Situação de vida, relacionamentos e problemas práticos
O marido teve um caso e a
deixou três semanas atrás.

Pensamento alterado
"Fui uma péssima esposa. A culpa de ele ter ido embora é minha."
"Nunca vou arrumar outro homem. Minha vida acabou."
"Todos vão pensar que eu acabei com o meu casamento."

Emoções alteradas
Sente-se para baixo,
não gosta mais
de nada, não tem senso
de realização, fica chorosa.

*Sentimentos/sintomas
físicos alterados*
Dorme mal (leva
quatro horas para
adormecer, acorda às 4h),
sem energia, esquecida.

Comportamento alterado
Parou de levantar cedo de manhã.
Fica deitada na cama até às 11h.
Bebe uma garrafa de vinho à noite para
conseguir dormir. Pensou em tomar
uma overdose de paracetamol. Não atende mais
ao telefone quando parentes e amigos ligam.

ESTUDO DE CASO

Janete é uma pessoa bastante sensível que vem sofrendo sérios problemas de vida. Ela se considera relativamente autoconsciente e, na situação descrita no fluxograma a seguir, Janete deve estar pensando muito sobre ela mesma. Qual você acha que seria o efeito disso?

No decorrer da vida, os desafios enfrentados e os sucessos e metas atingidos (ou não) geralmente são motivo de reflexão. Janete tinha alta consciência do que queria e foi muito afetada pela emoção da situação atual.

O fluxograma ilustra como as emoções afetaram o raciocínio dela.

O impacto se tornou incapacitante e negativo, em parte porque Janete vem passando pelo processo de reflexão chamado "ruminação". Isso costuma resultar de percepção lúcida da lacuna entre o que gostaríamos e o que está de fato acontecendo na realidade. No caso dela, ela ficará refletindo sobre a própria infelicidade, sobre os aspectos negativos da situação atual, sobre como as coisas poderiam ter sido e sobre uma grande variedade de falhas, culpas e fatores causais para os problemas que está enfrentando. A ruminação geralmente vem acompanhada de uma reinterpretação de eventos, acrescentando pontos negativos às próprias ações da pessoa ("ele a deixou porque *ela não era boa o bastante*").

A lacuna entre aspiração e realidade atual pode levar à ruminação e ao pensamento negativo. Imagine, por exemplo, que você está indo a uma festa, mas se sente cansado e mal-humorado. Conforme passa o tempo, você também percebe outra coisa: como deveria *se sentir ótimo* ao participar de festas, mas, na verdade, não se sente assim. Pense em como você se sentiria nesse momento. Muitos dizem que se sentiriam pior do que nunca.

Esse é, de fato, um problema muito sério porque, durante um período prolongado, a ruminação diminui o otimismo, incentivando o pensamento negativo como a resposta preferida.

Os ruminadores têm problema em se livrar de pensamentos perturbadores; talvez, por consequência, pareçam ser motivados a evitar sentimentos desagradáveis tentando racionalizar (ou "descartar por meio da razão") qualquer coisa que se mostre incerta ou incontrolável. É um estado de espírito bastante autocrítico. E estar absorvido pelo que está errado em uma situação, descartar sentimentos com o uso da razão e ser autocrítico é uma receita explosiva. As pesquisas associam esses fatores à tendência, entre os ruminadores, de procrastinação e falha em agir de imediato para lidar com problemas interpessoais.

Talvez uma das melhores formas de evitar a ruminação seja manter a consciência do aqui e do agora, além de desenvolver um ponto de vista independente, confiante e otimista. São essas as características que permitem adotar uma abordagem afirmativa, lidando com problemas à medida que surgem, em vez de deixá-los crescerem e adquirirem maior significância. Um nítido propósito também ajuda. Sabe-se que as pessoas com valores fortes têm maior capacidade de aguentar o estresse, e parece que ser determinado desempenha um papel semelhante. Ao controlar a reação ao estresse, a atenção plena e a assertividade limitam o poder da ruminação.

Em que medida você se sente "no controle"?

Todos os dias você enfrenta situações em que sofre impulsos muitas vezes desencadeados por coisas que você quer ou deseja. Pode ser um impulso de interferir no modo como alguém está realizando um trabalho – pensando que você faria diferente ou melhor – ou talvez desabafar sobre como você realmente se sente a respeito de algo que foi feito. Por outro lado, o impulso pode se referir à compra daqueles sapatos Louboutin, apesar do tamanho da fatura do cartão de crédito. Uma falta de controle costuma ser parte de um padrão mais amplo de comportamento, muitas vezes manifestado por problemas como controle da raiva, dificuldade em controlar o peso ou abuso de substâncias.

A capacidade de controlar impulsos ou, mais especificamente, de controlar o desejo de agir com base neles tem a ver basicamente com gratificação adiada. A impulsividade cria problemas de relacionamento e limita o pensamento racional necessário para lidar com os outros.

Como manter as emoções sob controle

1. Respire fundo.
2. Faça um intervalo, tome um café, dê uma caminhada breve.
3. Use a parte "pensante" do cérebro para exercer influência sobre a parte criadora de emoções.
4. Projete para o futuro – que significância essa situação terá na próxima semana/mês/ano?
5. Mude as variáveis – se outra pessoa estivesse envolvida, você ainda sentiria o mesmo? Se acontecesse em um momento diferente, ainda assim seria tão perturbador?
6. Reduza o pensamento automático negativo – não havia nenhum aspecto redentor? Estou especulando sobre algo que talvez jamais aconteça? Estou me culpando por algo sobre o qual não tenho controle?
7. Controle o estresse em três minutos – tente fazer um exercício de respiração para reduzir o efeito do estresse.
8. Modele um novo comportamento – pense em alguém que você valoriza ou admira. Como essa pessoa se comportaria nessa situação?
9. Use a linguagem colaborativa para incentivar os outros a resolverem a situação: "nós", "juntos", "compartilhar" etc.
10. Adote uma abordagem colaborativa – o que vai incentivar os outros a ajudar? Ser respeitado? Ser ajudado? Ser positivo? Ser claro? Ser valorizado?

A inteligência emocional ajuda a perceber que o comportamento quase nunca é aleatório. É preciso entender o que motiva os outros e como viver ou trabalhar com eles de uma maneira confortável. Se emoções intensas, como estresse, frustração ou raiva, não forem controladas, o comportamento inapropriado pode prejudicar os relacionamentos.

Controle de surtos

A primeira coisa que você diz quando está irritado geralmente é a pior que poderia dizer. Leva aproximadamente seis segundos a partir do momento em que uma emoção negativa forte é sentida para a adrenalina começar a baixar. Esse é mais ou menos o tempo que você deve esperar antes de responder quando estiver muito irritado. Se puder, simplesmente conte até dez; distraia-se.

Controle de reações impulsivas

- Separe as questões envolvidas dos problemas com as pessoas.
- Use a distração e intervalos para manter a calma.
- Abaixe o tom quando os outros ficarem emotivos.
- Resolva problemas subjacentes sendo apoiador, analítico e usando a sua habilidade de escuta.

Imagine que você tem três ou quatro anos e lhe pedem que se sente à mesa com o seu doce favorito em um prato. Se quiser, pode comer o doce na mesma hora. Porém, se esperar quinze minutos sem tocar nele, você ganhará dois para comer quando quiser! Essa foi a base de um programa de pesquisa na Universidade de Stanford. Houve variação na resposta das crianças: as que conseguiram evitar o doce encontraram formas ativas de distração, inclusive brincar com os dedos, tapar os olhos, cantar e falar consigo mesmas. As que não conseguiram se controlar não tentaram a distração: elas se concentraram no objeto de desejo e comeram o doce em minutos ou, em alguns casos, em segundos.

Catorze anos depois, as crianças que conseguiram resistir à tentação tinham mais sucesso acadêmico, eram mais aptas social e emocionalmente e lidavam melhor com o estresse. Elas perseguiam desafios, em vez de desistir quando algo ficava difícil; eram vistas como independentes, confiantes, confiáveis e orientadas para mostrar iniciativa. E ainda conseguiam postergar a gratificação visando atingir as metas.

As crianças que sucumbiram à tentação e comeram o doce com frequência pareciam indivíduos perturbados, acreditavam ser "indignas", se ressentiam por "não obter a cota justa" e ficavam aborrecidas facilmente pelo estresse. Quase sem exceção, obtinham menos sucesso nos estudos, e relatos de pessoas conhecidas sugeriram que também tinham tendência a desconfiar e a provocar discussões. Catorze anos mais tarde, ainda não conseguiam adiar a gratificação nem controlar os impulsos.

Ser capaz de controlar impulsos envolve inteligência emocional: estar ciente da situação em que você se encontra, avaliar as possíveis consequências de unicamente satisfazer os próprios desejos de imediato, utilizar estratégias de distração para superar o estresse envolvido na postergação da sua resposta.

É parte integral do "princípio da realidade" de Freud que o sucesso em atingir objetivos *pode ser mais garantido* se você conseguir protelar a ânsia em satisfazer o impulso imediatamente e se comportar de uma maneira que seja adequada para a hora e o lugar. Um exemplo simples é que, se você estivesse com fome, sem o princípio da realidade poderia simplesmente roubar comida das mãos de alguém, engolindo tudo sem a menor consideração pelas necessidades da outra pessoa nem por como você é visto pelos outros.

Logo, distração é o nome do jogo. Depois de aguardar alguns segundos para que os hormônios estressores do impulso se dissipem, você pode responder de maneira apropriada. Talvez seja preciso deixar algo para depois, quando você estiver mais relaxado.

Talvez você esteja mais preparado para lidar com o problema em si, em vez de com a emoção causada pelas pessoas envolvidas. Esses dois fatores precisam ser separados; se você sente a necessidade de falar sobre problemas pessoais, escolha um momento e um lugar em que os dois estejam relativamente calmos e possam discutir de forma razoável. No calor do momento, é melhor se concentrar no problema que está causando a perturbação e tentar estabelecer opções para lidar com ele.

Se for uma discussão muito acalorada, concordem em dar um tempo. A chance é de que todos estejam em um estado de espírito mais tranquilo, mais adequado à razão. Adiamentos e distrações são uma ótima forma de conter impulsos, por isso, se puder, tente fazer outra coisa por um tempo e planeje exatamente a ação que será adotada. Você removerá o calor emocional da situação e poderá lidar com problemas de maneira mais racional e construtiva.

EXPERIMENTE AGORA!

As afirmações a seguir se aplicam a você? Em caso afirmativo, você está bem adiantado no percurso rumo ao estado sereno e analítico necessário para pensar sobre as emoções que os outros estão sentindo.

- Eu consigo controlar meu temperamento e lidar com dificuldades sem que elas afetem meu humor ou discurso.
- Mesmo quando estou emotivo, consigo falar de maneira tranquila e clara.
- Sempre consigo me acalmar rapidamente quando fico muito irritado.
- Quando estou bem contente, quase nunca extrapolo.
- Ao lidar com problemas, minhas metas de longo prazo sempre orientam a minha resposta.
- Consigo adotar uma perspectiva independente das coisas, mesmo quando os outros discordam.
- Demonstro otimismo, sem importar a dificuldade da situação ou quem são as outras pessoas.

O autocontrole emocional ajuda a gerenciar essas emoções enervantes que todos sentem de tempos em tempos – irritação, frustração, ansiedade, medo –, mas também os excessos aos quais estamos expostos quando uma sensação boa se transforma em euforia e passamos do limite. O comportamento eufórico ocorre com frequência quando você sente a necessidade de libertação, talvez após um longo período de estresse ou quando você sente alívio por algo que NÃO aconteceu.

O autocontrole emocional permite:
- pensar com clareza e permanecer focado quando os outros estão muito emotivos;
- permanecer sereno em momentos difíceis, o que dá a oportunidade de ficar otimista e positivo;
- manter a impulsividade sob controle ou o próprio comportamento quando você estiver se sentindo ansioso ou aflito.

Valores para se trabalhar com os outros

Ser capaz de se controlar com inteligência emocional envolve a capacidade de se distanciar da situação por um tempo, habilidades analíticas para descobrir a melhor maneira de realizar seus objetivos e um senso de propósito claro. Também envolve ter valores positivos para trabalhar com os outros, como:

Honestidade e franqueza: ser verdadeiro consigo mesmo e com o seu senso de propósito ajuda os outros a verem você como alguém confiável e que age com integridade, mesmo que não gostem do que você faz. Demonstrar esses aspectos do autocontrole significa:

- quando você está errado, admitir o erro e explicar por que pode ter acontecido;
- confrontar comportamentos e ações nos outros quando estão em conflito com as suas crenças. Ser franco sobre o motivo por

algo ser um problema e positivo sobre o que mais pode ser feito no futuro ajuda a transformar a confrontação em uma ferramenta útil para construir relações, em vez de em um símbolo de agressão e necessidade de dominação;
- comportamento ético tem a ver com ser consistente e agir de acordo com seus princípios. Você reconhece crenças profundamente arraigadas quando as pessoas agem com consistência, mesmo quando se depararam com emoções conflitantes;
- confiabilidade e autenticidade: fazer o que você diz e deixar claro que é o que você pensa ser certo, e não criar uma percepção de que você faz qualquer coisa que seja conveniente.

Adaptabilidade é uma boa forma de demonstrar para os outros que você está comprometido com suas metas e senso de propósito. Mudança e incerteza podem ser administradas com mais eficácia quando as pessoas acreditam que podem influenciar o que está acontecendo. É quando a mudança tem consequências negativas e envolve uma perda de controle que as pessoas se tornam mais defensivas e reagem menos à tentativa de influência dos outros.

- Flexibilidade para lidar com a mudança significa envolver os outros o máximo possível e ser claro a respeito de opções, riscos e potenciais oportunidades que surgirem dela.
- As diversas demandas que têm probabilidade de resultar suscitam questões importantes sobre o enfrentamento: a gestão do tempo, a nitidez das metas, dos objetivos e das funções e, acima de tudo, quais são as prioridades. Se isso tudo for tratado sem percalços, a mudança pode ser algo empolgante, em vez de ameaçador.
- Diferentes "óculos" – como alguém enxerga os eventos exige algum raciocínio. A adaptabilidade pode envolver a remodelação de como a situação ou as pessoas são vistas, além da adoção de outras perspectivas. Você precisa de uma medida de imaginação para ver as coisas do ponto de vista dos outros. Falaremos mais sobre isso ao analisar a empatia na próxima seção.

Consciência é um valor ou qualidade pessoal visto pelos outros como indicador de independência e confiabilidade. Os seres humanos têm uma capacidade notável de racionalizar, de encontrar uma série de motivos para fazer ou não fazer algo. Para influenciar os outros, a pessoa emocionalmente inteligente precisa ser vista como alguém que leva seus compromissos a sério e modela o comportamento almejado nos outros. Isso significa:

- respeitar seus compromissos e se responsabilizar em fazer as coisas;
- cumprir promessas. Mesmo que possa ser um tanto inconveniente, é essencial para manter a confiança.

Resiliência

A resiliência é um aspecto importantíssimo do autocontrole emocional. Ela refere-se não só à capacidade de seguir em frente em circunstâncias adversas ou desafiadoras, mas também à capacidade de pensar com clareza, escolher maneiras apropriadas e sustentáveis de reagir ao lidar com os sentimentos envolvidos.

As ideias seminais de Carl Jung exploram as diferentes preferências adotadas ao perceber as informações e fazer julgamentos sobre elas. Dois dos processos utilizados são o pensamento crítico (analisar, conceituar, aplicar, sintetizar e/ou avaliar informações) e o "afeto" ou pensamento instintivo (emoção, reações, sentimentos, valores). Na população em geral, aproximadamente 50% das pessoas parecem usar o pensamento crítico como meio preferido de lidar com a vida, com um número semelhante que utiliza as emoções ou o afeto. Essas preferências produzem abordagens bastante distintas.

A maioria das pessoas que preferem o **pensamento crítico**:
- são analíticas;
- usam raciocínio de causa e efeito;
- resolvem problemas usando a lógica;
- esforçam-se por obter "objetividade";

- buscam falhas nos argumentos;
- pensam em justiça em termos de decisões.

A maioria das pessoas que valorizam o **julgamento instintivo ou baseado em sentimentos**:
- são orientadas por valores pessoais;
- esforçam-se por obter harmonia e interação positiva;
- buscam pontos de acordo;
- querem que as pessoas sejam tratadas como indivíduos com necessidades;
- usam empatia e compaixão.

Em situações normais, você usa o pensamento crítico e o instintivo em alguma medida, embora um tenda a ser predominante. Mas é preciso manter os pensamentos e sentimentos em um estado de equilíbrio. Isso significa usar o pensamento crítico para assumir o comando ativo não só dos pensamentos e das ideias, como também dos sentimentos, das emoções e dos desejos. É o pensamento crítico que oferece as ferramentas mentais necessárias para assumir o controle sobre o que você pensa, sente, deseja e faz.

Por isso a resiliência envolve a percepção consciente e a capacidade de usar o pensamento lógico e crítico para modificar como você se sente. Paradoxalmente, para ter inteligência emocional é necessário garantir que o pensamento não seja dominado exclusivamente pela emoção.

> **NÃO ESQUEÇA!!!** Inteligência emocional significa trabalhar seus instintos e pensamentos para criar um equilíbrio estável e resiliente para lidar com os outros.

FORÇA DE VONTADE

O que é a força de vontade? Autocontrole? Autodisciplina? Resolução? Motivação? Determinação?

Pode haver várias palavras diferentes para descrever a força de vontade, a qualidade ou força que permite que você evite se entregar ou que mantém você em pé quando as circunstâncias se tornam difíceis. Um estudo conduzido nos Estados Unidos em 2003 investigou a capacidade de continuar a tentar tarefas difíceis e testou a persistência em situações difíceis. O psicólogo pesquisador Roy Baumeister utilizou uma série de ideias para definir a força de vontade com mais exatidão. Ele sugeriu que:

- A força de vontade é demonstrada pela capacidade de resistir a tentações de curto prazo para satisfazer metas de longo prazo. Pode-se chamar isso de gratificação postergada.
- Ela se manifesta pela capacidade de resistir a pensamentos, sentimentos ou ações impulsivas indesejados, substituindo-os por intenções positivas e, por vezes, altruístas.
- A força de vontade é muitas vezes caracterizada pelo uso do pensamento crítico e da análise lógica, em vez do comportamento motivado por reações emocionais "quentes".
- Ela envolve um esforço consciente "por mim, para mim", a fim de regular as ações e limitá-las.
- A força de vontade é limitada e, quando se esgota, afeta outras partes da sua vida. Quando você está exausto no trabalho, por exemplo, pode haver menos força de vontade para atividades sociais e familiares.

O último ponto é muito importante, pois sugere que a força de vontade é um recurso limitado. Ela pode ser consumida em outro lugar; por exemplo, para controlar o estresse. Os pesquisadores conduziram experimentos para testar se o controle das emoções em circunstâncias difíceis afetava a capacidade dos participantes em continuar com as tarefas, constatando que havia um efeito significativamente negativo. Em qualquer determinado período, se a força de vontade se exaurir, você se torna mais vulnerável a outros desafios da vida, resultando em maior depressão, abuso do álcool e comportamento impulsivo/reativo.

COMO VOCÊ PODE REABASTECER O ESTOQUE DA FORÇA DE VONTADE?

Essa questão é objeto de várias pesquisas atuais. Muitas são associadas à ideia de atenção plena – ser autoconsciente o bastante para reconhecer o seu estado atual e conseguir relaxar com outras pessoas para se recuperar física e emocionalmente, repondo a sua energia. Outros estudos afirmam que o sono, a importância da alimentação saudável e a frutose (como o suco de laranja) têm um efeito semelhante. Também existem fortes evidências sobre a importância do otimismo, do bem-estar psicológico e do humor para manter a força de vontade.

A força de vontade e o bem-estar também são intensificados pelo senso de propósito. É importante, portanto, que você defina metas e alvos para si mesmo, que eles estejam certos para você e que você possa se comprometer com eles.

Prefira perseguir metas que sejam:

- realistas e realizáveis (metas impossíveis se tornam motivo de desmotivação);
- pessoalmente significativas e congruentes com as suas necessidades e motivos (o que aumenta o compromisso);
- relacionadas a se aproximar dos outros (a significância de ter uma mentalidade com uma característica marcante de ajuda aos outros é uma das forças propulsoras que possibilitam às pessoas desenvolverem a inteligência emocional. Preocupar-se com os outros e, depois, adotar ações para ajudar parece ser um recurso importante do bem-estar psicológico);
- interessantes e absorventes (Mihaly Csikszentmihalyi escreveu um livro influente em 1990 sobre a psicologia da experiência otimizada. Nele, descreveu como um estado de "fluxo" – o que os atletas chamam de "estar ligado", absorvido e mantendo o foco total sobre algo – produz satisfação, felicidade e resiliência psicológica, todos componentes importantes para a manutenção da força de vontade).

ESTUDO DE CASO

Lembra-se de Antônio e Pedro? Eles eram dois dos exemplos ilustrativos analisados na introdução (páginas 7 a 9).

Antônio gasta dinheiro como se não houvesse amanhã, e a gratificação postergada é um conceito difícil para ele. Ele têm muitos desafios sérios na vida pessoal. Por consequência, levantar para ir trabalhar todos os dias e voltar para uma casa vazia todas as noites, manter a imagem que ele gosta de projetar e prosperar em um emprego competitivo praticamente exaurem o seu estoque de força de vontade. Passou a beber muito e está sujeito a depressão contínua de baixo nível. Não tinha metas de longo prazo para lhe dar foco.

A força de vontade do Pedro também diminui a cada dia. Ele se esforça para lidar com seu relacionamento, após tentar, sem sucesso, se tornar o que a sua esposa deseja e tentar ignorar os próprios sentimentos e esperanças. Agora, manter a frustração e a raiva sob controle é o maior ato de força de vontade que ele já enfrentou. Não se limita à vida doméstica. No trabalho, ele é considerado volátil e alguém com o qual se deve ter cuidado, e tem de fazer um esforço fenomenal para manter as relações com clientes esquisitos. Quando chega em casa, diz que não quer nem saber. A energia dele é baixa, e é mais difícil para ele fazer um esforço para se comunicar da maneira que a esposa quer. Ele se tornou vulnerável porque agora é incapaz de confrontar as causas reais da sua infelicidade.

SER POSITIVO A RESPEITO DA DEFINIÇÃO DE METAS

Como acabamos de ver, o autocontrole é mais do que resistir a um impulso perigoso. Resultados reais costumam vir quando as necessidades momentâneas são deixadas de lado para se seguir resultados mais importantes. A maneira como você molda suas metas e intenções também pode fazer com que se sinta com maior controle – tornando-as realistas, realizáveis e motivadoras. Ser positivo é uma perspectiva vital para a inteligência emocional. Tente estruturar seus objetivos levando em consideração as seguintes questões:

O que você quer? (ser positivo): as metas precisam ser expressas em termos positivos. Isso não tem a ver com *O poder do pensamento positivo*, de Norman Peale, nem significa ser "positivo" no sentido de ser bom. Trata-se de direcionar o seu comportamento *para algo*, em vez de se afastar de algo que você deseja *evitar*: "O que eu quero?" em vez de "O que eu não quero ou desejo evitar". Perder peso e deixar de fumar são resultados negativos, assim como reduzir custos e evitar a perda de clientes. Eles valem a pena, mas comunicam problemas e negatividade.

Tente transformar suas metas em coisas positivas, perguntando "Que comportamento eu quero?" ou "quais resultados eu preciso?". Por exemplo, se você quer reduzir o conflito na sua equipe, pode definir a meta em termos de identificação de oportunidades de cooperação ou estabelecer formas de levar em conta as perspectivas de acordo com as funções dos outros.

Como você saberá que está obtendo sucesso? (evidência): é importante saber que você está no caminho certo em direção aos seus objetivos e que os outros envolvidos também sabem. Você precisa de feedback adequado e de informações precisas que são compartilhadas entre todos que precisam saber.

A meta definida é específica o bastante? (clareza e foco): os "seis homens honestos servindo-me" de Kipling, segundo o poema, são "O que, Por que, Quando, Como, Onde e Quem". O jargão mais recente em administração usa a estratégia SMART para definir com nitidez o que precisa ser atingido e, dessa forma, proporciona mais controle a você e aos outros envolvidos sobre o que precisa ser feito. Os objetivos precisam ser descritos de forma Específica (*Specific*), Mensurável (*Measurable*), Acordada (*Agreed*), Realista (*Realistic*) e Oportuna (*Timed*).

Que recursos podem ser dedicados a essa meta?: os recursos tendem a se dividir em cinco categorias (algumas mais relevantes do que outras, dependendo do que você deseja atingir). Permanecer no controle e reduzir a pressão emocional são atingidos quando os planos refletem de modo realista os recursos disponíveis para realizar as coisas. As categorias de recursos são:

- objetos: equipamentos, prédios, maquinário/tecnologia, livros, manuais etc.;
- pessoas: família, amigos, colegas, contatos, partes interessadas;
- modelos de comportamento: qualquer pessoa com quem você possa falar sobre a experiência com tarefas semelhantes; alguém que entenda os problemas envolvidos;
- habilidades e qualidades: habilidades pessoais, aptidões, experiências, atitudes, capacidades e valores;
- dinheiro e tempo: você tem o suficiente? Pode obter mais? Quais são as limitações?

Que suposições você faz? As pessoas geralmente fazem suposições sobre o que podem atingir com base na sua interpretação da situação e na forma como preveem que as pessoas envolvidas irão responder. A inteligência emocional trata crenças e perspectivas como suposições importantes, mas não como leis imutáveis, como a gravidade e a morte. Talvez você precise questionar a própria forma de analisar as coisas antes de adotar uma ação para atingir suas metas.

NÃO ESQUEÇA!!! A inteligência emocional trata as crenças como suposições importantes, mas não como fatos. Pode haver um importante fator causal para o comportamento dos outros (ou para o seu próprio), mas você tem uma escolha sobre em que acreditar. Às vezes, apesar dos problemas óbvios, você pode precisar questionar os modelos mentais que estão sendo aplicados antes de começar a agir para atingir suas metas.

COMO AS CRENÇAS E PERCEPÇÕES ESTÃO CONECTADAS À REALIDADE?

Crenças são modelos mentais de nossa experiência e história baseados em nossas percepções. Mas, antes de mais nada, as crenças também exercem uma função importante, modelando a compreensão do que é real. A "escada de inferência" mostrada a seguir foi proposta pela primeira vez pelo psicólogo organizacional Chris Argyris e utilizada por Peter Senge em *A quinta disciplina: A arte e prática da organização que aprende*.

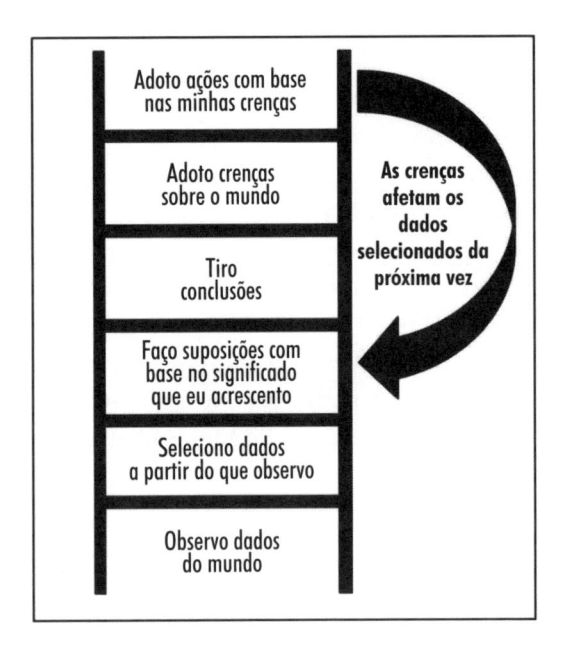

```
Adoto ações com base
nas minhas crenças

Adoto crenças            As crenças
sobre o mundo            afetam os
                         dados
Tiro                     selecionados da
conclusões               próxima vez

Faço suposições com
base no significado
que eu acrescento

Seleciono dados
a partir do que observo

Observo dados
do mundo
```

O diagrama ilustra o argumento de que somos seletivos a respeito de como vemos o mundo, modificando a experiência real ao acrescentar significados, fazer suposições e tirar conclusões que modelam e afirmam nossas crenças existentes e abordagem futura. Porém, as crenças que você adotou criam filtros através dos quais você verá e interpretará experiências futuras. Esses filtros afetam quais informações serão valorizadas da próxima vez, gerando uma imagem que pode estar longe do que realmente aconteceu. Talvez a contribuição mais significativa que a inteligência emocional pode dar é permitir que os processos de pensamento sejam informados e enriquecidos pelas emoções e pelas crenças, ao mesmo tempo em que se preserva a capacidade de ver o que está ocorrendo com exatidão e sem preconceitos.

> **LEMBRE-SE DISTO**
> As crenças e suposições agem como filtros para o que você vê e observa.

PENSE NISSO

Como suas metas e crenças estão relacionadas?

1. Que crenças você tem a respeito do seguinte:
   - Outras pessoas em geral?
   - Seus colegas de trabalho?
   - Seu chefe?
   - Progredir na carreira?
   - Família e filhos?
   - Ter uma vida bem-sucedida?

2. Quais são as suas metas de curto e longo prazo? Onde você quer estar daqui a cinco anos?
3. Quais das crenças identificadas afetam suas metas?

Assertividade

Há muitos anos a assertividade vem sendo considerada uma ferramenta exitosa de gestão de pessoal e liderança. Líderes emocionalmente inteligentes costumam ser considerados "confortáveis consigo mesmos", vendo-se sob uma luz honesta, mas clara, e com boa autoestima. Eles tendem a ser diretos e autoconscientes; quando estão irritados, mantêm o controle, mas lidam com as coisas de forma objetiva, deixando claro para os outros como se sentem. Ao permanecerem serenos mesmo sob pressão, conseguem se expressar com otimismo e evitam se tornar o centro quando a atenção deve estar na ação desejada.

A assertividade tem a ver com realizar coisas e motivar os outros a ajudar, mas, ao mesmo tempo, reconhecer que as necessidades e metas dos outros são importantes. Tem a ver com expressar sentimentos, pensamentos e crenças de maneira não destrutiva, que não é passiva nem agressiva. O objetivo da assertividade é o ganho mútuo. Isso significa:

- expressar pontos de vista e opiniões, desejos e necessidades de modo aberto e sem medo;
- escutar ativamente, para avaliar a resposta que você está obtendo;
- deduzir os interesses e as metas da outra pessoa;
- tentar identificar um terreno comum e ser claro sobre o que é importante;
- usar incentivos, solução de problemas e encorajamento para concordar sobre ações futuras.

Esses comportamentos oferecem um meio-termo entre se entregar, que envolve a repressão passiva de emoções e necessidades, e competir acirradamente, lutando pelos próprios interesses e supremacia. Ser assertivo, em vez de dominante, torna as pessoas mais receptivas a se encaixarem com você.

A assertividade pode ser:

- dizer o que você pensa;
- fazer solicitações e pedir ajuda;
- negociar soluções aceitáveis para todos;

- recusar solicitações;
- não deixar que ninguém o menospreze nem o coloque para baixo;
- fazer reclamações;
- esclarecer expectativas;
- expressar otimismo diante de negatividade;
- mostrar estima, afeto, sentimentos magoados, irritação justificável;
- superar a hesitação a respeito de "jogar as cartas na mesa";
- dar e receber elogios;
- trabalhar para ajudar os outros.

Saber como expressar os sentimentos pode ajudar você a permanecer no controle das emoções quando se sentir vulnerável. Se puder aprender a se expressar de maneira apropriada (que não faça as pessoas fugirem de você) e, ao mesmo tempo, compartilhar seus pensamentos e aspirações, estará criando uma base sólida sobre a qual todos sabem a respectiva posição.

Aumentando a assertividade

Veja algumas dicas utilizadas em uma organização de vendas de primeira linha do Reino Unido, na qual a inteligência emocional é considerada uma competência essencial para posições de liderança e gerenciamento:

- seu direito mais importante é ser tratado com respeito. Da mesma forma, você tem a responsabilidade de tratar os outros com o mesmo respeito;
- avalie o mérito de cada situação em termos de justiça, equilibrando desejos com necessidades e, mesmo sendo auto-orientado, seu comportamento não deve parecer egoísta;
- descubra o que você sente e quer, depois decida se é apropriado e justo;

- alguém que é assertivo pode discordar de você e ainda ser seu amigo; separe fatos de opiniões e pessoas dos problemas envolvidos;
- pratique ser aberto em relação ao modo como seus sentimentos afetam você. Reconheça-os se você for humilhado e diga de forma clara e firme que o comentário ou comportamento da pessoa é inaceitável;
- quando precisar ser assertivo com os outros, peça mais informações. Escondidas nas observações deles podem estar suposições que você pode destacar;
- se alguém estiver irritado, descubra o que está por trás desse comportamento. Pode haver uma forma de debate mais construtiva;
- seja educado ao discordar de alguém. Diga suas preferências usando afirmações claras e simples;
- esteja preparado para repetir o que disse quantas vezes forem necessárias até que os outros mostrem que ouviram e entenderam o seu argumento.

3. Compreensão dos outros

Olhando para fora, entendendo as outras pessoas

Se você leu as seções anteriores, sabe que uma parte importante da inteligência emocional tem a ver com a sintonização dos próprios sentimentos. Agora você tem de sintonizar as emoções dos outros e as necessidades deles também. Compreender as outras pessoas envolve, em primeiro lugar, a decisão de desviar a atenção de si mesmo. Você precisa de informações sobre sentimentos e habilidades e, para obtê-las, é preciso usar habilidades eficazes de escuta. Precisa reconhecer pistas emocionais; demonstrar empatia; analisar por que as pessoas se comportam de certa forma, entendendo o efeito que a situação delas pode ter sobre as pessoas; e, em especial, mostrar que está respondendo às necessidades e preocupações delas.

Para alguns, há um problema básico nisso, que está no cerne do conceito de inteligência emocional. *Você deve se preocupar ou se interessar pelos outros?* As culturas de muitas comunidades e organizações ainda forçam as pessoas rumo ao autointeresse. Nesses ambientes, você precisa provar que é melhor do que o resto. Você faz isso celebrando as fraquezas dos outros. Não só a sua empresa, por exemplo, tem concorrentes *externos*; é comum a competição entre indivíduos e agrupamentos *dentro* da organização.

Embora apele à nossa parte mais competitiva, o autointeresse não funciona muito no longo prazo. Se você não escuta os outros ou simplesmente não se importa (sobretudo se você demonstra isso), pode mesmo esperar receber apoio, compromisso ou ideias dos outros para ajudá-lo no futuro? Várias organizações trabalham muito a inteligência emocional para eliminar a concorrência interna, as barreiras e os comportamentos que as criam. A inteligência emocional se tornou uma competência desejada precisamente porque fomenta a consciência das necessidades dos outros; a sua utilização desenvolve relacionamentos melhores.

Ser competitivo demais e tentar dominar os outros cria problemas quando você tenta atingir suas metas. A maioria das pessoas se sente mal por ser dominada e pode responder usando maneiras sutis (ou nem tanto) de evitar contato futuro. Quando as relações estão difíceis ou se você precisa obter cooperação – talvez recebendo pedidos repetidos ou confrontando dificuldades –, precisa entender exatamente *por que* as pessoas adotam determinado ponto de vista. Pessoas com baixa inteligência emocional vão quase sempre se concentrar no problema envolvido e obter o que *elas* veem como a resposta certa, mas sem prestar atenção às perspectivas adotadas pelos outros, à interpretação que fazem dos eventos ou às necessidades que têm.

Outro problema é que quanto mais dominador você parecer, menor será a probabilidade de obter informações. Fazer um esforço para entender os outros, usando suas habilidades de escuta e pensamento crítico, ajuda a distinguir sintomas de causas, avaliar risco e potencial, identificar mecanismos e oportunidades e identificar onde você pode adotar ações apropriadas. No mundo real, há poucas linhas divisórias entre o que as pessoas pensam, dizem e sentem – essas coisas estão inter-relacionadas e envolvidas em todos os aspectos do comportamento humano. Isso tudo cria uma imagem complexa quando você lida com outros indivíduos, e ainda mais ao lidar com equipes e grupos. A inteligência emocional e a consciência social têm a ver com a coleta de dados – dados tão importantes quanto informações sobre custos e margens, desempenho de produtos ou índices de erro. A consciência social produz informações valiosas para tomar decisões e adotar ações.

Usando empatia

Há pouco falei com uma enfermeira que havia acabado de se aposentar. "Sempre tivemos de ajudar nossos pacientes a sentirem que eram apoiados e que, pelo menos, entendíamos o que estavam passando", ela disse. "Às vezes era difícil porque, quando ficavam chateados, muitas vezes eu também ficava chorosa." Na mesma conversa, outra enfermeira, que trabalhava com pacientes com câncer, disse: "Eu sei. Coitadinhos, eu sempre sinto pena deles". Algo respeitoso e gentil de se sentir e característico de muitas enfermeiras, mas o que esse comentário mostra não é empatia. É compaixão.

A compaixão é um bloco de construção importante para boas relações, sendo algo que se faz quando os outros passam por situações difíceis ou mesmo trágicas: demissão, lesão ou luto, por exemplo. Nesse tipo de situação, as pessoas se sentem confortadas quando os outros expressam como se sentem a respeito delas. Mas tem uma função diferente da empatia:

TERMO-CHAVE

A **compaixão** deriva da capacidade de avaliar a situação de alguém e é um reflexo de como você se sente. Ela é afetuosa e prestativa, mas tem a ver com você. E talvez não empregue muitas habilidades críticas e analíticas.

A **empatia** tem a ver com a perspectiva e os sentimentos da outra pessoa. Mostrar que você entende permite se aproximar e conquistar confiança. A maioria das pessoas emocionalmente inteligentes faz uso da empatia para desenvolver relações e entender problemas. Ela é baseada em escuta eficaz, comunicação e análise crítica.

A empatia é caracterizada por diversos elementos:

1. Reconhecer que a outra pessoa está tendo sentimentos significativos (que podem ser positivos ou negativos) e algum senso do porquê de isso estar acontecendo.
2. Dizer algo que demonstra que você entende o que ela está passando e por quê. Isso costuma ser uma combinação de:
   - uma afirmação ponderada, como "Você deve estar se sentindo...";
   - um motivo, isto é, alguma experiência compartilhada ("Passei por algo parecido...");
   - afirmação ("... que também me deixou bem para baixo").
3. Oferecer um próximo passo que pode ajudar e, ao mesmo tempo, aprimorar a relação ("Você já pensou como poderia...?" ou "Será que ajudaria se você...?").

Esse tipo de contato com as pessoas pode ser o começo de novas comunicações e um aprofundamento da qualidade do relacionamento. Implica que você está preocupado com a outra pessoa. Mostra essa preocupação de modo prático e demonstra que você está preparado para ajudar.

Comportar-se assim exige que você faça algo que nem sempre é fácil: suspender o próprio julgamento e deixar os interesses próprios de lado por um tempo. Pesquisas conduzidas nos Estados Unidos sugerem que o conhecimento factual sobre as pessoas com quem você está não é suficiente para assegurar que você será bom em demonstrar empatia. Para entender o que elas estão passando, você precisa conhecer a experiência e os valores que as inspiram. Saber como veem as coisas de *dentro*, em vez de se basear na perspectiva *externa*, é o segredo.

A empatia não é boa nem ruim, tampouco depende de quanto talento você tem para lidar com as pessoas. É um processo neurológico; a capacidade de visualizar emoções nos outros é uma ferramenta de sobrevivência que, uma vez que somos animais sociais, está conectada na forma como o cérebro funciona. Você só precisa ativá-la.

Para compreender o processo que ocorre, vamos usar um exemplo sobre uma emoção que vem sendo objeto de muita pesquisa: a repugnância.

Em um café, porque estou absorto na leitura de um artigo, pego uma xícara da mesa sem pensar. Estou prestes a beber quando percebo que a xícara está fria, depois percebo que está cheia de batom e de outras marcas e tem uma bagana de cigarro no fundo. Minha reação é me afastar do cheiro e da visão da xícara, colocá-la longe de mim, enrugar o nariz, fazer uma careta e dizer: "Minha nossa, isso é nojento!".

Ao ler esse relato, o que indica, especificamente, que o meu sentimento naquela situação é de repugnância? Foi algo que eu disse ou houve mais? Como você sabe como é, de fato, a minha repugnância?

Se você vê alguém pegar uma xícara e reagir ao conteúdo, registra-se uma cadeia de mecanismos no cérebro para processar informações e emoções. Ações e movimentos físicos dos outros são tratados de modo diferente da forma como é processada a compreensão das intenções e emoções deles. O cérebro faz isso diferenciando entre tipos de ações observadas:

- **Ações frias** – essas ações sem conteúdo emocional, como os movimentos (quando você vê alguém pegar a xícara), são processadas na "parte pensante e decisória" do cérebro, o córtex parietal e frontal, como dados neurais. O resultado disso é que você sabe o que está acontecendo em termos físicos.
- **Ações quentes** – dados relativos às intenções da pessoa (nesse caso, digamos, pegar a xícara para jogá-la longe ou atirá-la em você) envolvem os poderes de imaginação. Os chamados neurônios espelhos ativam uma representação ou memória do que *possam* ser as intenções de alguém. O córtex frontal, então, decide se a representação imaginária é relevante. Essa é uma importante habilidade de sobrevivência baseada em instinto e experiência. Visto que a intenção se relaciona a alguma ação futura, o nível de processamento emocional no cérebro é baixo.

Ações quentes são quando o cérebro está processando emoções e ameaças, como quando existe algum perigo ou, em nosso exemplo, a sensação de repugnância com o conteúdo da xícara. Pela utilização de sinais como expressões faciais, tons de voz, fala e gestos, os mesmos neurônios espelhos criam uma representação em *você* do que pode ser sentido pela pessoa que está segurando a xícara. Mas, em vez de se associar ao córtex para entendê-la, o cérebro usa áreas que estão muito mais envolvidas com a criação de reações emocionais no corpo (a amígdala) e um lugar profundo no cérebro dos mamíferos mais antigos, chamado de ínsula. Essa parte do cérebro se ocupa da sobrevivência e da segurança, sendo sensível a ameaças como comida rançosa e água envenenada. Essas duas áreas criam imagens intensas, valendo-se de *suas* emoções reais. Pode parecer que você está sentindo a mesma emoção que sentiria se estivesse na situação.

Com o desenvolvimento da empatia, você poderá usar a inteligência emocional com muito mais eficácia do que se tentar elaborá-la de modo consciente. A leitura de pistas não verbais e tons de voz vai ajudar a entender quando as pessoas estão se sentindo para baixo. Use a imaginação para especular sobre o motivo de se sentirem assim. Não é difícil; o cérebro está equipado para isso.

Por aproximadamente 25 anos, o tema da inferência dos pensamentos e sentimentos dos outros foi estudado por um campo de pesquisa chamado "precisão empática". Crianças com desenvolvimento normal têm a capacidade de inferir **ação** e **intenção** aos quatro ou cinco anos. Porém, a capacidade de identificar **estados emocionais** nos outros leva mais tempo e só costuma se desenvolver na adolescência. Essa capacidade pode exercer uma função importante no desenvolvimento social dos adolescentes, e tudo indica que a estrutura final do cérebro acontece ao final da adolescência.

Outras pesquisas indicam que ser capaz de julgar os sentimentos dos outros com precisão é uma característica que anda junto com pensamento crítico abstrato, personalidades não dogmáticas, sentimentos de valor próprio e bem-estar, além de uma valorização da estética (forma e regularidade). Bons e maus julgadores parecem ser ansiosos ou neuróticos na mesma medida.

LEMBRE-SE DISTO

A empatia envolve a leitura dos comportamentos e das ações dos outros, a compreensão da intensidade dos sentimentos envolvidos e a escolha do comportamento mais apropriado para interagir com eles de modo positivo.

Saber quando responder aos outros envolve a leitura da comunicação não verbal, dos tons de voz e das ações. Fique atento a gestos, postura corporal, contato visual, tom de voz e comportamento geral.

Foco e funções

Antropólogos que analisaram novas comunidades insulares descobriram que grupos respondem a pessoas com alta inteligência emocional porque os indivíduos começam a formar ligações e alianças com base em coisas que têm em comum ou com as quais concordam ou não. Pessoas que falam sobre os outros – suas situações, preocupações ou realizações – são mais valorizadas. Mais importante ainda: elas criam relacionamentos e começam a confiar e cuidar umas das outras. Não importa qual seja a sua ética de trabalho: assim que você começar a conhecer alguém e respeitá-lo, irá apoiá-lo, não irá traí-lo e não irá "descartá-lo da ilha". Aquele que estamos mais dispostos a "descartar" é o que não conhecemos muito bem.

A base da influência interpessoal não é apenas o poder da sua personalidade ou fluência. Ela está na intensidade dos relacionamentos e vínculos sociais que existem, seja em uma equipe, organização ou comunidade. Esses relacionamentos têm origem no que você está fazendo e em como se comunica durante o tempo em que passam juntos. Boa parte disso se define por sua função e pela ênfase que você coloca na tarefa ou nas pessoas em sua conversa.

Na pesquisa conduzida na ilha, desenvolveram-se tensão e frustração entre as pessoas que se comunicavam unicamente sobre as tarefas que tinham de fazer e os poucos indivíduos cujo único foco eram as necessidades e relações. Os outros membros mais emocionalmente inteligentes praticavam tanto tarefas quanto ações socioemocionais de maneira idêntica; o contato social se transformou na cola que permitia às pessoas dar prosseguimento ao trabalho e, ao mesmo tempo, se sentirem positivas e apoiarem umas às outras. Se você se envolve APENAS com ações orientadas a tarefas, é como uma peça de máquina: facilmente ignorado sem arrependimentos nem remorso.

Alguém que se comporta com confiança, se preocupa com as necessidades dos outros, escuta bem e propõe ideias tem mais probabilidade de aumentar a coesão social em qualquer grupo de pessoas, com muitos benefícios. Simplesmente estar preocupado com o que se está fazendo, em si, é ineficaz.

NÃO ESQUEÇA!!! O comportamento confiante, oriundo de um senso de propósito e da valorização dos relacionamentos, é importante. A IE tem a ver com o desenvolvimento de relações; o que você faz na relação é igualmente importante. Sua visão e suas metas, a franqueza, fazer com que as coisas sejam feitas e se preocupar com os outros deixam você mais valorizado.

SER RECEPTIVO AOS OUTROS

A boa comunicação é a base de relações emocionalmente inteligentes, tanto em termos pessoais quanto profissionais. Mas você se comunica muito mais do que com palavras. Pesquisas mostram que a maioria das mensagens enviadas não é verbal. A comunicação não verbal inclui expressão facial, gestos, contato visual, postura e, de maneira ainda mais significativa, tom de voz.

O QUE SÃO A COMUNICAÇÃO NÃO VERBAL E A LINGUAGEM CORPORAL?

A comunicação não verbal é uma linguagem natural e inconsciente que transmite os verdadeiros sentimentos e intenções em qualquer dado momento, além de ser uma pista para os sentimentos e intenções das pessoas ao seu redor.

Palavras 7%

Linguagem corporal 55%

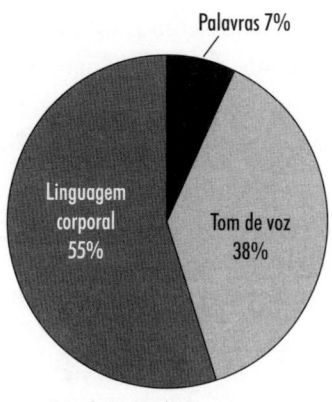

Tom de voz 38%

Três elementos da comunicação

Quando você interage com os outros, está sempre dando e recebendo sinais sem palavras. Todos os comportamentos não verbais – a expressão facial, os gestos, o modo de sentar, a velocidade ou o volume da fala, a proximidade do outro, a frequência do contato visual – enviam mensagens fortes. Essas mensagens também não param quando você para de falar. Mesmo quando está mudo, você ainda está se comunicando de forma não verbal.

NÃO ESQUEÇA!!! Você escuta com os ouvidos e os olhos; a comunicação não verbal é um canal de informações sobre sentimentos e atitudes primários.

O modo como você escuta, vê, se move e reage diz ao outro se você se preocupa ou não, se está sendo verdadeiro e se está sendo um bom ouvinte. Quando combinam com as palavras que você está dizendo, os sinais não verbais aumentam a confiança, a clareza e a afinidade. Quando não combinam, geram tensão, desconfiança e confusão.

O que você diz e o que comunica pela linguagem corporal são duas coisas totalmente distintas. Quando se depara com esses sinais misturados, o ouvinte tem de escolher se acredita na mensagem verbal ou na não verbal e, na maioria dos casos, prefere a segunda opção.

Albert Mehrabian, psicólogo e renomado especialista em comunicação humana, identificou três aspectos desse canal de informação que fornecem as pistas para interpretar o comportamento.

- Você se aproxima de pessoas e coisas de que gosta e evita ou se afasta de quem não gosta. **Pistas imediatas** (inclusive fazer contato visual, tocar, inclinar-se para frente e sorrir) comunicam sentimentos positivos, gostos e prazer.
- Quando você está interessado em se comunicar com alguém, tende a ficar mais animado. **Pistas de excitação** (inclusive tom de voz variado, expressões faciais animadas e movimento em geral) mostram níveis de compromisso.
- Crenças sobre status, posição, importância e poder relativos ou percebidos são comunicadas por **pistas de dominância**. (Por exemplo, uma pessoa de alto status tenderá a manter uma postura corporal relaxada ao interagir com uma pessoa de status inferior.)

Um motivo pelo qual tais pistas são importantes é que é difícil controlá-las todas ao mesmo tempo, com o resultado de que é difícil retratar algo que não seja verdadeiro. Isso inclui um canal de informações altamente confiáveis que, segundo as pesquisas, pode representar até 70% das mensagens que você entende das outras pessoas. E também há evidências de que são as questões mais importantes e profundamente arraigadas que acionam a comunicação não verbal de sentimentos reais.

Dica útil: Preste atenção nas pistas a seguir para demonstrar empatia e inteligência emocional:

- expressões faciais;
- movimentos e posturas corporais;
- gestos;
- contato visual;
- toque;
- espaço;
- voz.

Não esqueça!!! Pessoas emocionalmente inteligentes usam a comunicação não verbal para:

- reforço: ela pode aumentar a potência da mensagem que a pessoa está passando verbalmente;
- contradição: ela pode contradizer mensagens que outros indivíduos estão tentando transmitir – fechando a comunicação quando necessário para não perder o controle sobre o desacordo;
- substituição: ela pode substituir uma mensagem verbal. Por exemplo, os olhos de uma pessoa geralmente transmitem uma mensagem bem mais vívida do que as palavras;
- complementação: ela pode acrescentar ou complementar uma mensagem verbal. Um chefe que dá um tapinha nas costas além de um elogio pode aumentar o impacto da mensagem e, ao mesmo tempo, adicionar outra dimensão, como afeto pessoal;
- ênfase: ela pode destacar parte de uma mensagem verbal ou toda ela. Tocar na mesa, por exemplo, pode destacar uma parte essencial da mensagem ou até a ideia completa. Mas também pode facilmente comunicar frustração ou impaciência. Fique atento aos sinais que você está enviando.

Sensibilidade política e poder

Toda interação humana envolve poder e influência. Muitas pessoas não percebem a influência que exercem sobre os outros, e muitas, da mesma forma, estão alheias a como podem ser necessários e construtivos o poder e a influência na criação de relações colaborativas e no desenvolvimento de grupos eficazes. As habilidades trazidas pela inteligência emocional a esse aspecto da vida estão na compreensão de como o poder, e a sua utilização, influencia as pessoas. Isso leva à capacidade de se concentrar na realização de metas pessoais e organizacionais, apesar do impacto negativo da política interpessoal.

Um dos aspectos mais fascinantes de pessoas com altos níveis de inteligência emocional é a capacidade de realizar tarefas complexas baseando-se no entendimento da dinâmica de suas organizações: quais botões apertar para obter resultados, quem tem influência e como pode ser persuadido a usá-la.

Pode-se definir um ambiente político como um lugar em que a pessoa que faz algo é mais significativa do que o que está sendo feito. Se algumas pessoas fazem uma proposta, ela é aceita. Se outras a fazem, é vista com ceticismo. Há lugares em que ganhar e perder são importantes e onde as bases de poder concentram influência. Alguns dizem que "enquanto existirem organizações, haverá política" (com p minúsculo). Embora possam depreciar a política, fazem pouco para criar qualquer mudança. Pessoas que participam de jogos políticos costumam ser egoístas, em vez de preocupadas com as necessidades dos outros (ou, por sinal, da própria organização). Elas presumem que os outros são como elas.

Para jogar, no entanto, elas devem ler a "temperatura" emocional das situações, saber o que motiva os outros e ter empatia suficiente para prever como as pessoas podem responder caso ocorra um determinado evento. A inteligência emocional em organizações utiliza essas habilidades, mas reconhece que a maioria das pessoas quer ser parte de algo. Pode ser um grupo, equipe ou comunidade, mas, por sermos animais sociais, várias pesquisas apontam para a necessidade de um senso de pertencimento.

Para líderes emocionalmente inteligentes, isso oferece oportunidades de se engajar com a equipe, construindo um senso de propósito real que cria comunidades de interesse, motivação e desempenho mais eficaz. Outros líderes, com menos inteligência emocional, não levam em consideração os pontos de vista de sua equipe, impingindo uma visão unilateral e fingindo que é compartilhada. O resultado é uma falha em explorar a energia criada pela inteligência emocional.

Tenha uma visão para a sua vida: se você quer criar impacto em outras pessoas, precisa ter uma visão ou senso de propósito que possa motivá-lo e ajudá-lo a atingir o que considera importante. É provável que seja sobre os valores que você tem, mas também precisa ser prática. Defina metas e almeje recompensas apropriadas. Talvez mais importante ainda: desenvolva um plano, planeje uma estratégia para chegar lá e mantenha-se fiel a seu plano.

Abasteça sua paixão: a motivação é, em boa parte, emocional. Que tipo de atividade deixaria você entusiasmado?

Trabalhe o bastante para obter resultados: os resultados aumentam a motivação, mostrando o que você pode atingir. O trabalho árduo implica resultados, e quanto mais resultados melhores você obtiver, mais motivação terá. Motivação e resultados interagem!

Separe um tempo para a atenção plena e dê um nome para seus sentimentos quando se tornar ciente deles.

Coloque pensamentos positivos em sua mente: leia, escute conselhos e aprenda mais sobre a sua motivação e sobre o que move você.

Aproveite a boa fase quando ela vier: às vezes as coisas vão bem e em outras, mal. Isso é normal. Não deixe de se sentir bem consigo mesmo quando as coisas estiverem indo na direção desejada.

Situações com alta carga emocional

Pessoas irritadas geralmente têm:

- baixos níveis de lógica e perspectivas altamente emocionais;
- pouco conhecimento da realidade (isto é, de como o sistema funciona) e expectativas irrealistas;
- problemas mais profundos do que podem aparentar à primeira vista;
- experiências prévias ruins que as equipam para o confronto ou para a instabilidade emocional;
- ansiedade, frustração e raiva.

A inteligência emocional pode manter relações em um nível funcional e cooperativo se você controlar os eventuais (ou, em alguns casos, regulares) surtos de emoção que ocorrem quando as pessoas estão irritadas, frustradas, ansiosas ou se sentem humilhadas ou desprezadas. Talvez seja estranho, mas o processo que leva a tal surto geralmente começa algum tempo antes do evento ou da situação que o desencadeia.

Eventos-gatilho, como o computador dando problema de novo ou a crítica inconsiderada, são eventos que acionam um *colapso no controle* e costumam resultar de frustração acumulada. Normalmente há precedentes para o gatilho, e você precisa conhecer os outros bem o bastante para prever o que os motiva.

Os gatilhos geralmente são seguidos de estados emocionais cada vez mais acentuados, conforme o sistema límbico aciona a reação hormonal de "luta ou fuga" do corpo (discutida no contexto do controle do estresse – consulte as páginas 59 a 61). O pico dessa curva ascendente é, por vezes, descrito como a "crise" – a expressão de raiva, as lágrimas, o bater de portas e, sobretudo com adolescentes jovens, a violência autoinfligida ou direcionada. Quando a reação de "luta ou fuga" de uma pessoa foi acionada e ela está na "crise" ou se aproximando dela, há várias coisas que podem ser feitas para ajudar.

Perceber as pressões antes que saiam do controle é importante. É essencial estar sensível às frustrações dos outros e ajudá-los a manter a calma por meio de um suporte tranquilo. Reconhecer que os surtos podem levar ao comportamento destrutivo e a palavras que serão lamentadas depois requer sensibilidade ao que está causando o surto e ação tranquila de atenuação durante e após a crise. O crucial, porém, é que a abordagem emocionalmente inteligente reconhece que, quando não são tratados, os precedentes de surtos emocionais criarão problemas repetidas vezes. A sua IE ajuda a criar uma relação em que você pode encontrar uma solução de longo prazo para os problemas subjacentes envolvidos. Empatia e habilidades de escuta são fundamentais.

O gráfico a seguir mostra como o corpo reage quando algo aciona uma resposta emocional. Os termos abaixo da curva descrevem os diversos estágios, enquanto os termos acima dela descrevem o que você pode fazer em cada estágio para ajudar uma pessoa que está passando por isso.

Como atenuar situações de alta carga emocional

Veja algumas técnicas de atenuação usadas por enfermeiros experientes em saúde mental durante uma crise:

- avalie a situação de imediato. Se você perceber sinais e sintomas de que alguém está iniciando uma crise, intervenha no começo;
- mantenha a conduta e a voz tranquilas;
- use a solução de problemas com o indivíduo; pergunte: "O que posso fazer para ajudar agora?";
- use empatia: tente entender as coisas do ponto de vista dos outros e o que estão sentindo;
- tranquilize a pessoa quando possível;
- procure um lugar mais calmo para conversar, se possível;
- ofereça ajuda;
- mantenha a pessoa ocupada, tentando fazê-la falar sobre coisas mecânicas ou práticas ao redor;
- não sufoque a pessoa; dê espaço a ela;
- esteja ciente de si mesmo: da sua aparência, do seu tom;
- faça perguntas abertas;
- dê tempo para a pessoa pensar;
- ignore desafios; redirecione perguntas desafiadoras;
- deixe a pessoa dar vazão a sentimentos fortes; incentive-a a expressar os sentimentos;
- controle o ritmo de sua reação; não tente acelerar as coisas;
- não diga: "Você deve..." Explique por que uma determinada ação é necessária;
- evite lutas de poder;
- defina limites e diga qual é a expectativa e por quê;

- tenha cuidado com os comportamentos não verbais; o que eles comunicam?;
- fique atento aos comportamentos não verbais da pessoa;
- seja claro; use uma linguagem simples;
- linguagem: siga a regra de cinco (no máximo cinco palavras em uma frase, cinco letras em uma palavra, por exemplo "Você quer uma água?");
- use a técnica reflexiva: "Então você está dizendo que...?";
- esteja preparado para concordar em discordar.

QUESTIONÁRIO INTERMEDIÁRIO

EXPERIMENTE AGORA!

Tratamos de inúmeros assuntos nos três principais componentes da inteligência emocional discutidos até então. O quarto conjunto de habilidades de IE (a ser analisado no capítulo seguinte) não é algo que se possa aprender sozinho. Ele aborda as relações com as pessoas que você conhece. A reação delas a você é algo que você precisa entender antes de aproveitar ao máximo as ferramentas e as dicas incluídas. Por isso, peça a alguém em quem você confia (que será honesto e que o conheça bem) que faça uma avaliação sua com base nas afirmações a seguir.

Por uma questão de simplicidade, use uma escala de 1 a 5, na qual 1 é baixo e 5 é alto. Em alguns casos, a outra pessoa talvez não se sinta capaz de responder; quando isso acontecer, você terá de dar uma nota para si mesmo. Some as pontuações e escreva os subtotais de cada seção. Não há uma pontuação total.

Também há duas perguntas gerais no final. Obtenha feedback sobre elas de um avaliador diferente.

Sua autoconsciência: sua capacidade de se ver e entender o seu impacto no mundo em que vive. Comportamentos emocionalmente inteligentes incluem:

- saber quando o próprio humor está mudando;
- saber quando as próprias emoções estão afetando o desempenho;
- perceber rapidamente quando começa a perder a cabeça;
- perceber rapidamente quando os pensamentos estão ficando negativos;
- refletir e aprender com as experiências;
- estar aberto a feedback;
- conseguir mostrar senso de humor e rir de si mesmo;
- mostrar confiança nas próprias capacidades;
- ser orientado por uma crença interna e um sistema de valores;
- conseguir articular sentimentos e emoções de maneira apropriada.

Controle das emoções: a capacidade de controlar comportamentos improdutivos, sentimentos, impulsos e energia. Comportamentos emocionalmente inteligentes incluem:

- estar preparado para admitir os próprios erros;
- agir com ética e conseguir passar por um exame minucioso;
- manter uma posição firme e íntegra, mesmo que seja impopular;
- desafiar ações antiéticas nos outros;
- dar prosseguimento às atividades quando irritado;
- falar consigo mesmo para controlar sentimentos de raiva ou ansiedade;
- conseguir se concentrar quando estiver se sentindo ansioso;
- sob pressão, pensar com clareza e manter o foco;
- permanecer impassível diante da raiva ou da agressão dos outros;
- permanecer sereno, positivo e calmo, mesmo em momentos difíceis.

Automotivação: sua capacidade de perseguir metas com compromisso, paixão, energia e emoção. Comportamentos emocionalmente inteligentes incluem:

- ser orientado a satisfazer objetivos e padrões;
- definir metas desafiadoras;
- sempre se esforçar para melhorar o desempenho;
- estar pronto para aproveitar oportunidades;
- mobilizar os outros por meio dos próprios esforços;
- ser motivado pela esperança de sucesso, em vez de pelo medo do fracasso;
- recuperar-se rapidamente após um contratempo;
- dar um impulso em si mesmo quando for preciso agir;
- mudar de bom grado a forma de fazer as coisas quando os métodos atuais não estiverem funcionando;
- conseguir elevar o nível de energia para enfrentar e concluir tarefas enfadonhas.

Controle das relações: a capacidade de gerenciar e construir redes de relações. Comportamentos emocionalmente inteligentes incluem:

- buscar ativamente formas de resolver conflitos;
- ter talento em convencer as pessoas;
- demonstrar empatia com os sentimentos dos outros;
- permitir que os outros confiem neles;
- respeitar e se relacionar bem com pessoas de formações diferentes;
- desafiar o preconceito e a intolerância;
- ler com precisão as principais relações de poder;
- entender as forças que modelam os pontos de vista dos outros;
- usar uma abordagem de ganho mútuo;
- promover a comunicação aberta.

Coaching de emoções: sua capacidade de ajudar os outros a desenvolverem suas habilidades emocionais por intervenção direta e por exemplo. Comportamentos emocionalmente inteligentes incluem:

- elevar o estado de espírito dos outros e fazer com que se sintam bem;
- incentivar o entusiasmo nos outros;
- formar uma imagem positiva do futuro que será comprada pelos outros;
- perceber as emoções dos outros e responder de maneira apropriada;
- comunicar os próprios sentimentos para os outros;
- liderar pelo exemplo; ser um modelo;
- criar afinidade com os outros;
- fazer e manter amizades pessoais com colegas de trabalho;
- modelar o respeito, a assistência, a honestidade e a cooperação.

Pontuação

Some as pontuações para cada seção e multiplique por quatro para obter uma pontuação percentual. Isso deve dar uma ideia sobre como a pessoa que lhe deu o feedback considerou o seu nível de IE, usando o modelo de inteligência emocional neste livro. Pense se isso o surpreende e se você concorda ou discorda. Use as pontuações como indicadores para leituras adicionais sobre qualquer área em que você se saiu pior do que esperava.

Finalmente

Procure outra pessoa que você conheça para dar uma perspectiva diferente sobre como você se relaciona com os outros. Faça as seguintes perguntas (não é preciso obter uma pontuação):

- Que valores ela acredita que você tem, como resultado dos contatos que teve com você?
- É fácil para outras pessoas serem realmente abertas com você?

4. Controle das relações

No trabalho e na vida pessoal, as relações assumem várias formas. Pode ser uma parceria ou um casamento, uma relação de negócios com um cliente ou colega ou qualquer uma das relações menos próximas que você forma com as redes de pessoas nas suas agendas e caixas de entrada de e-mail. Pessoas emocionalmente inteligentes geralmente são mais satisfeitas com as relações (inclusive as sociais e pessoais) e, talvez porque trabalhem para mantê-las, costumam ser mais felizes e mais positivas a respeito dos contatos com outras pessoas.

Todos os dias, você precisa se comunicar de alguma forma com outras pessoas, algumas delas bem conhecidas, outras mais distantes. Como você se relaciona com elas depende de várias coisas: como vocês se comunicam, o tipo de pessoa que são, que valores cada um tem, as histórias que compartilham – a lista continua.

As habilidades de inteligência emocional que você usa para manter e nutrir relações são essenciais ao seu sucesso. Para melhores resultados, você precisa fazer um esforço consciente para posicionar uma série de blocos de construção.

Blocos de construção para gerenciar relações:

- mostre às pessoas que você as valoriza;
- busque entendimento mútuo e compartilhamento de informações;
- faça um ajuste fino da sua apresentação para agradar às necessidades dos ouvintes;
- crie consenso e suporte quando possível;
- comunique-se com mensagens claras e convincentes;
- use negociação em vez de dominância;
- seja franco e direto, evitando jogos ou política empresarial;

- analise o desempenho e as causas raízes dos problemas;
- aborde conflitos de maneira construtiva, permanecendo atento aos sentimentos dos outros;
- exponha os desacordos e ajude a atenuá-los;
- seja delicado ao responder aos outros;
- coordene soluções de ganho mútuo;
- entenda a incerteza e a metanoia (consulte as páginas 124 a 126).

As relações podem variar desde se ter um mero conhecido até fazer amizades significativas que duram anos. Construí-las não é novidade. Você vem usando e continuará a usar a inteligência emocional para criar relações a vida inteira. Elas começam com previsões sobre a probabilidade de se "conectar" a outras pessoas com base em uma série de tipos distintos de informação.

Você utiliza três níveis de informação para fazer previsões:

Informações culturais: características gerais que você compartilha com um grande número de pessoas, como a área em que vive, hábitos de linguagem e normas de gênero.

Informações sociais: informações sobre pertencimento a um grupo como "pensionista", "cantor", "praticante de artes marciais", "vendedor". Os estereótipos também são relevantes aqui: as suposições que você aplica a alguém baseado em padrões convencionais de histórico, aparência, fala e sotaque.

Informações pessoais: as características especiais ou exclusivas de uma determinada pessoa.

Estágios das relações

A seguir estão destacados os quatro diferentes estágios das relações, mostrando como informações compartilhadas fortalecem cada vez mais uma relação.

Primeiro encontro: todas as relações começam aqui.
- Informações culturais e sociológicas são compartilhadas.

- Ocorrem conversas superficiais, criando uma relação "ritualística".
- Não há disposição de revelar informações sobre si mesmo.

Relação de amizade: esse é o estágio em que existe a maioria das relações: pessoas que você conhece, mas que não são amigos de verdade.
- Não há compromisso real.
- As opiniões e os sentimentos compartilhados não são muito pessoais.
- Maior probabilidade de interpretar com precisão as pistas não verbais; as reações são menos estereotipadas.

Relação de envolvimento:
- Aumentar a intimidade envolve a revelação de informações e sentimentos pessoais.
- Fica mais fácil falar sobre sentimentos; a informação ao nível individual é compartilhada.
- A comunicação interpessoal real começa a acontecer nesse estágio.
- A ênfase está nas emoções mais profundas.

Relação estável:
- Cada pessoa conhece a outra bem em um nível individual.
- Você não usa estereótipos para interpretar os comportamentos dos outros.
- É provável que você revele seu ponto de vista sobre assuntos pessoais com sinceridade.
- A manutenção das relações nesse estágio exige muito tempo e esforço.

As relações podem avançar ou recuar entre esses estágios. Conforme avançam, ocorre o crescimento da confiança e da franqueza, aumentando a sinceridade e a profundidade da comunicação. Por vezes, as relações enfrentam problemas, como separações, discussões pessoais e, com muita frequência, simplesmente se apartam por falta de manutenção. Uma das principais causas de dificuldade é quando devem ser resolvidas questões de poder: quem assume a liderança, quem tem liberdade para agir, qual ponto de vista importa etc.

Veja algumas maneiras importantes para desenvolver e manter relações.

Confirmar sua opinião de que o outro é importante.
Isso pode envolver:
- reconhecimento da existência do outro simplesmente olhando para ele e ouvindo-o com atenção;
- cumprimentos, reconhecimento, respostas;
- expressão e interpretação de sentimentos.

Revelar informações pessoais: compartilhar por vontade própria informações ou sentimentos com outra pessoa com o objetivo de construir uma relação. Isso pode ser planejado ou espontâneo, mas deve haver confiança na relação. Envolve risco: todos precisam avaliar o nível de confiança antes de fazer revelações pessoais.

Demonstrar empatia. Isso envolverá:
- ficar atento aos assuntos que fazem a pessoa se sentir emocional;
- aprender a determinar os sentimentos ou o histórico do outro;
- aprender a se colocar no lugar do outro.

Dar feedback sobre seus pensamentos e reações. Isso dá informações para a outra pessoa sobre sua posição e sentimentos, ajudando-a a manter o próprio comportamento no prumo. Estes princípios devem ser seguidos:
- separe o problema da pessoa;
- fale em termos que descrevam, e não que julguem;
- fale em termos da situação atual;
- entenda que mensagem não verbal você está comunicando;
- use mensagens na primeira pessoa para descrever seus pensamentos e sentimentos de maneira assertiva.

Ter a mente aberta. Isso pode envolver:
- a capacidade de ser flexível ao reagir a situações ou a pessoas;
- evitar a crença de que existe somente uma forma de solucionar problemas;
- mudar um ponto de vista;
- procurar novas ideias e experiências.

Escolher linguagem apropriada. Por exemplo:
- o primeiro nome indica intimidade. Usá-lo antes de se estabelecer a relação pode sinalizar desrespeito, sobretudo com os mais velhos;
- a escolha de palavras pode indicar sentimentos. Por exemplo, dizer "Que burrice!" implica dizer que você considera a pessoa burra. (Você também pode prestar atenção em como os outros expressam sentimentos pela escolha de palavras. Palavras como "desconfortável" ou "infernal" são bastante expressivas e dão uma boa indicação de como a pessoa se sente, tanto positiva quanto negativamente.)

Monitorar a comunicação não verbal dos outros. Isso envolve:
- observar expressões faciais, contato visual, gestos e postura;
- perceber características vocais, como tom de voz;
- perceber silêncios e tentar entender se são silêncios confortáveis ou negativos.

LINGUAGEM – UMA ABORDAGEM POSITIVA

Um dos indivíduos de maior inteligência emocional que conheço não abre mão de sua positividade. Sua visão do mundo é a de que ele é repleto de possibilidades e a única coisa que nos impede de atingi-las é a nossa mentalidade limitadora. Muitas vezes, tendemos a nos concentrar nos problemas, estar conscientes dos riscos, deprimidos pela dificuldade e atentos à quantidade de coisas que estão erradas. Muitos levam a vida prestando atenção principalmente no que está errado. Cientistas cognitivos que exploram constructos (formas de ver o mundo) constataram que ver negatividades é muito característico de pessoas com alta variação de constructos. Em outras palavras, pessoas mais brilhantes tendem a ver pontos fracos com mais facilidade e a se concentrar neles.

O ponto de vista do meu amigo é que, embora você possa enfrentar muitas dificuldades, é importante criar um senso de energia e possibilidade dentro de si mesmo e entre as pessoas com as quais você se relaciona. A receita dele para fazer isso se baseia na utilização de linguagem positiva, humor e sorrisos. Ele também me deu uma boa dica sobre por que a linguagem usada pode ser autodestrutiva.

Lembre-se de que adotar uma ação requer uma cadeia de instruções (pensamentos) *positivas* que leva a mudanças de comportamento. Assim, quando alguém passa uma mensagem *negativa*, é preciso mudá-la para poder agir.

Por exemplo, alguém diz: "Não coma bolo!". A mensagem inconsciente que você absorve é positiva: a afirmação original menos o "não". Você transforma a parte ativa da mensagem em "coma bolo".

Portanto, em qualquer oportunidade, muito embora saiba que não deve comê-lo, você olha para ele, pensa nele e saliva quando o vê. O "não" dificulta a vida.

Da mesma forma, você pode dizer para uma pessoa: "Não se sinta mal" ou "Não se preocupe". Porém, se ela não absorver o "não", então a mensagem só serve para deixá-la consciente de estar se sentindo mal ou das coisas com as quais possa se preocupar. Você pode programar de modo inconsciente a si mesmo e aos outros para que os objetivos não sejam atingidos.

Uma atitude otimista e positiva é uma ferramenta essencial para a inteligência emocional. Meu amigo sugere fazer uso mais frequente do discurso positivo no qual se transforma "**não** faça" em "**pode** fazer" em todas as oportunidades.

Por exemplo:

"Não se sinta mal" torna-se "Nós todos devemos nos sentir bem". "Talvez você tenha um problema" torna-se "Podemos lidar com qualquer problema assim...".

Como aumentar a sua influência sendo autêntico

Goste ou não, todos carregamos rótulos que dizem o tipo de pessoa que somos. Eles podem ser fixados em você, dizendo "este é quem eu sou" e "é assim que eu quero que os outros me vejam". Você resolve, por exemplo, a ansiedade de ir a uma situação desconhecida se apresentando de maneiras específicas. Talvez queira ser visto como dinâmico ou reflexivo, no comando ou à disposição; talvez o profissional perfeito ou o empreendedor para quem as regras não são importantes.

Ou esses rótulos podem ser fixados por outros: "alegre", por exemplo, ou "cuidadoso", "simpático" etc. Uma das dificuldades que resultam dessa rotulação é que os outros esperam que você corresponda aos rótulos – àqueles que fixaram em você – e os rótulos deles são usados para julgar o seu modo de agir.

Os rótulos são muitas vezes descrições abreviadas de como você percebe as pessoas, mas eles têm uma falha grave: raramente contam a verdade toda. Pessoas cuidadosas por vezes assumem riscos enormes quando as emoções pessoais estão em jogo; os enérgicos costumam reduzir a velocidade quando não se sentem valorizados; os simpáticos com frequência sofrem com problemas de confiança quando se sentem rejeitados.

> **PENSE NISSO**
> Que rótulos você prende aos outros nas relações que considera importantes? As pessoas fixam algum rótulo específico em você?

Autenticidade é a permissão que você dá a si mesmo para ser quem realmente é, inclusive com o seu lado negro. Ela liberta você para que haja comunicação aberta sem preocupações em não ser reconhecido, entendido, aceito por quem é, ou ser invisível ou ofuscado pelos outros. A rotulação é uma abreviação inevitável usada para categorizar as pessoas; a inteligência emocional, no entanto, vai além de tais estereótipos e, por meio dela, você pode construir relações honestas e sinceras. Boas relações precisam de confiança, de uma ausência de medos e de um reconhecimento de quem você é, sem deixar os defeitos de lado. Os blocos de construção para controlar as relações, conforme descritos na seção anterior, mostram que indivíduos emocionalmente inteligentes não só dizem que valorizam as pessoas, mas o demonstram no trato com os outros. As relações prosperam quando você se permite ser aberto, autêntico e genuíno.

Ser autêntico, ter crenças próprias e demonstrá-las nas suas interações é uma das características do que costuma se chamar de "carisma". O professor Richard Wiseman conduziu um estudo em 2005 que sugere que o carisma é 50% inato e 50% treinado. As dicas dele incluem a manutenção de uma postura corporal aberta e a comunicação clara e comprometida de suas ideias.

Indivíduos que têm essa característica são pessoas com a capacidade de monitorar emoções dentro de si mesmas e nos outros, usando-a para comunicar uma visão cativante que atrai compromisso em uma direção compartilhada. É um estilo de comunicação que mobiliza as pessoas; envolve estar preparado para dar e receber informações e é informal, em vez de se basear na formalidade ou no status. Esse estilo utiliza palavras como confiança, fidelidade, devoção, compromisso, inspiração, fora de série, excepcional. Uma visão geral recente da eficácia dessa abordagem identificou-a como a capacidade que alguém tem de manter um compromisso moral intenso e uma forte identificação de colegas e de outras pessoas.

O carismático permite que os outros saibam que são importantes e que estar perto deles é prazeroso. Comportamentos demonstrados por pessoas carismáticas incluem sorrir genuinamente, confirmar com a cabeça quando os outros falam, talvez tocar de leve alguém no braço, se apropriado, e manter contato visual. Em grupos, elas se movimentam para parecerem entusiasmadas, inclinam-se um pouco para frente e olham para todos os envolvidos.

Elas atingem influência sendo claras, fluentes, vigorosas e articuladas, evocando imagens e usando um ritmo acelerado (por vezes desacelerando para criar tensão ou acrescentar ênfase). A influência distingue profissionais de alto desempenho dos outros. Pessoas com essa capacidade têm talento para conquistar apoio e ajustam suas contribuições para agradar aos interesses ou necessidades dos outros, criando suporte para ideias e projetos e desenvolvendo "coalizões de interesse". Elas têm uma noção infalível de qual botão apertar e do que convencerá alguém a compartilhar das ideias delas. Pessoas com habilidade técnica se tornam relativamente ineficazes quando não conseguem comunicar suas ideias de forma a convencer os outros.

Pessoas autênticas têm mais influência quando suas ideias vão além do status quo e fazem a diferença. Elas são preparadas para serem polêmicas, inesperadas e inovadoras, mas também se esforçam para que sejam simples de se entender.

Em situações ambíguas ou incertas, as pessoas buscam um modelo de comportamento em quem seja autêntico, confiante e consistente para ajudá-las a enfrentar as dificuldades. Membros emocionalmente inteligentes de um grupo que conseguem articular visão, paixão e compromisso são investidos de liderança social em seus grupos, sem importar as funções formais que possam ter. Outros comportamentos manifestados são uma abordagem equilibrada para assumir riscos, defender suas crenças, promover a equipe e agir pelos outros quando precisarem de ajuda.

Esses comportamentos também dão uma oportunidade de comunicar outras mensagens, por exemplo, mostrando aos outros que você os valoriza e que a contribuição deles é importante; talvez também comunicando o próprio ponto de vista positivo, apesar dos problemas e estresses que a equipe possa sentir.

LEMBRE-SE DISTO
A comunicação emocionalmente inteligente não se trata apenas de ser claro e conciso. Ela incorpora comportamentos carismáticos para criar impacto.

Inteligência emocional nas relações pessoais

O poeta e humorista americano Ogden Nash escreveu que a arte de manter uma relação viva se resume à capacidade de pedir desculpas e de evitar atitudes vingativas – jogar sal na ferida quando seu parceiro fizer algo errado. A maioria das pessoas reconhece que, na verdade, isso exige um bocado de trabalho, envolvendo empatia, autocontrole e uma compreensão prática das necessidades e dos sentimentos humanos. A ideia sucinta de Nash é um bom guia prático e amplamente corroborado por estudos sobre casamentos e relações – com uma ou duas sutilezas interessantes.

Pesquisadores constataram que pessoas em relacionamentos fortes veem seus parceiros sob uma luz bastante positiva; alguns diriam que através de "óculos cor-de-rosa". Isso leva à atenuação de falhas ou simplesmente à falta de percepção delas. Suas expectativas, atribuindo intenções caridosas um ao outro diante de um comportamento não muito exemplar, são igualmente importantes. Esperar o melhor, levando à percepção do que é bom, tem a ver com fé e com a profecia que se concretizou. Expectativas de uma relação bem-sucedida levam a muitas coisas – comportamentos sutis que implicam valorizar o outro, acreditar na sua capacidade, gostar de passar tempo juntos etc. Estudos recentes de longo prazo sugerem que expectativas otimistas também causam pequenas mudanças nas habilidades de comunicação, sobretudo na franqueza, na escuta, no reforço (por exemplo, confirmar com a cabeça, dizer "certo" para mostrar concordância) e nos sorrisos.

Ao mesmo tempo, não se criam sentimentos positivos simplesmente na ausência de sentimentos negativos; ser neutro (ou não demonstrar as emoções) leva a uma desconexão emocional, e não à consideração positiva. As habilidades de IE em termos de empatia, consciência emocional e controle dos sentimentos são importantes para gerar sentimentos positivos e consideração mútua.

NÃO ESQUEÇA!!! Sentimentos positivos são gerados quando a pessoa em qualquer relação exibe franqueza, afabilidade, autocontrole e gerenciamento ativo dos próprios sentimentos. Não ser passivo nem neutro. Você precisa se esforçar.

Em última análise, o que melhor define uma relação emocionalmente inteligente – seja pessoal ou de trabalho – é a capacidade de gerar um "clima de apreço e valorização". Isso ajuda a satisfazer a necessidade que temos de aprovação uns dos outros e de sermos valorizados como indivíduos. Pessoas que se sentem assim têm maior probabilidade de aguentar os "altos e baixos" da vida, as decepções inevitáveis e os problemas periódicos que ocorrem em toda relação. Mesmo nas relações mais bem consolidadas, os parceiros ainda querem ser admirados e aprovados um pelo outro e se sentirem estimados pela cara-metade.

Na busca de equilíbrio, no entanto, lembre-se de que, embora a inteligência emocional aumente a chance de manter uma relação bem-sucedida e de longo prazo, ela não pode, por conta própria, garanti-la. Em um casamento, os parceiros devem desejar estar juntos e se comprometer em fazê-lo funcionar. Em uma equipe, deve haver razões para que os membros precisem trabalhar juntos em vez de mostrarem apenas desempenho pessoal. As pessoas em um relacionamento devem assumir a responsabilidade pelas necessidades do outro e mostrar compaixão, ficando atentas a problemas que possam afetá-las e estando preparadas para ajudar.

LEMBRE-SE DISTO A relação emocionalmente inteligente deve ter propósito e manutenção, além de fornecer valor agregado para as duas partes.

Como identificar sentimentos

O casamento e as relações pessoais próximas são a fonte de algumas das emoções mais profundas, e na medida em que os casais conseguem entendê-las, comunicá-las e controlá-las, estas emoções exercem uma função crucial na felicidade deles. Boa parte da pesquisa sobre casamentos (e parcerias) emocionalmente inteligentes se concentra na capacidade que as pessoas têm de identificar emoções em si mesmas e nos outros (veja abaixo), mas muito menos nas habilidades associadas à comunicação, ao controle e à expressão. Parece haver uma variação considerável na capacidade de descrever os sentimentos com clareza.

Parece também que a expressão habitual de sinais ambíguos e confusos de emoção (como alguém que sorri e franze o cenho ao mesmo tempo) está associada com toda segurança a problemas conjugais. Um motivo para isso é que parceiros infelizes (normalmente esperando o pior um do outro) tendem a interpretar mensagens emocionais de leve cunho negativo como hostis e retribuem com reações abertamente hostis. Conforme isso, por sua vez, gera outra reação, sequências emocionais destrutivas formam uma espiral de ataque e defesa, exemplificando a natureza olho por olho de muitas parcerias infelizes.

Conviver com outra pessoa pode ser difícil. Lidar com sogros, trabalho, carreira, dinheiro, afeto, lazer e filhos, tudo cobra o seu preço, e a inteligência emocional pode ajudar na cooperação e sensibilidade necessárias na relação. Na pressão do dia a dia, no entanto, o conflito é quase inevitável. É mais provável que as pessoas expressem raiva não no pico da emoção, mas em situações em que os dois parceiros vêm se sentindo irritados há algum tempo. Isso é comum em relações em que existe um clima de infelicidade ou conflito de maior duração, que pode ter se acumulado, mas jamais foi resolvido. Quando os casais estão discutindo, geralmente é fácil ver que um parceiro está irritado; mas ver além disso pode ser o segredo de um bom relacionamento. Perceber, por exemplo, que alguém está triste e irritado ao mesmo tempo pode ser difícil.

As evidências sugerem que, embora se espere que o "conhecimento privilegiado" um do outro facilite a leitura dos sentimentos dos parceiros nas relações, parece que ele é usado de forma seletiva. Ser capaz de enxergar a emoção que está *causando* a raiva pode levar à conciliação e até mesmo fortalecer as relações. Reconhecer expressões genuínas de tristeza ou arrependimento durante um conflito pode, por vezes, aproximar os parceiros e, com isso, eles podem romper um clima de desconfiança.

Em estudos recentes, verificou-se que casais que têm baixa inteligência emocional apresentam relações e felicidade consideravelmente inferiores às das parcerias que envolvem um ou dois parceiros com alta IE. Não fazia diferença significativa se a parceria envolvia uma ou duas pessoas com alta IE.

Contratos psicológicos

Sentimentos que surgem quando as pessoas estão irritadas ou sentem culpa, ciúmes ou amor são emoções profundas e que se repetem diversas vezes durante as relações, dependendo do tipo de relacionamento e do contexto. Porém, seja como for que a relação tenha se estabelecido inicialmente, a maioria envolve algumas coisas que são abertas e definidas (como o lugar onde você vive e a sua função) e outras que são mal definidas ou implícitas (como o apoio dado um ao outro em momentos de dificuldade).

A inteligência emocional traz um foco importantíssimo aos aspectos implícitos das relações. As expectativas dos membros de uma relação podem ser descritas em termos de um "contrato psicológico" que existe entre eles. Com base na expectativa de que, ao longo do tempo, é possível confiar nas pessoas para que cumpram suas obrigações umas com as outras, as relações entre indivíduos (ou, aliás, entre equipes) desenvolvem uma expectativa de reciprocidade: se eu fizer isto, você fará aquilo; se eu me comportar desta forma com você, você responderá de maneira muito semelhante.

Entre as várias causas de rompimento de relações, a perda de confiança está entre as mais comuns. Quando os funcionários sentem que o gerente os está maltratando, não importa quais sejam as circunstâncias, é a violação de um contrato implícito de suporte mútuo que causa a dor. O comportamento do empregador implica um novo contrato em que ele não mais parece valorizar a contribuição do funcionário, nem se importa com o seu bem-estar. Os contratos psicológicos são mais importantes em contextos menores, como em relacionamentos individuais e em pequenos grupos. Nesses contextos, demonstrou-se que a criação e manutenção de igualdade e confiança é um precursor essencial de relações duradouras e positivas.

Ouvindo a "música"

Nas relações interpessoais, manter uma boa comunicação ajuda a satisfazer expectativas mútuas e auxilia a relação a enfrentar eventos atuais e mudanças.

Você já jogou o jogo da "mesa ao lado" no restaurante? Na realidade, é uma falta de educação, e se você só tem isso para preencher a sua vida sempre que sai para comer, então é muito triste. Mas se, como eu, você é fascinado por pessoas, talvez devesse experimentá-lo durante um silêncio na sua conversa erudita e significativa. O jogo consiste em (sem que fique óbvio) ouvir como as pessoas na mesa ao lado falam entre elas e tentar descobrir qual é a base da relação delas. Você precisa dar umas olhadas furtivas para conferir algumas coisas não verbais, como vestimenta, maneiras, gestos, contato visual, postura corporal, expressões faciais, mas a habilidade importante no jogo é perceber as posições implícitas adotadas, as mensagens implicadas ou os sentimentos expressados. Em suma, a "música" que acompanha o que quer que esteja sendo dito.

Para descobrir como as emoções, o pensamento e questões como poder e influência são abordados em todas as interações entre as pessoas, sintonize mesmo nas mais simples conversas. Debates sobre compras, eventos familiares, o que está no jornal – até sobre o que comer – às vezes dão errado sem motivo aparente. As conexões pessoais ficam muitas vezes no caminho: há pouco ouvi alguém começar uma conversa emocional descrevendo sua irritação por sempre ter de ir na casa da mãe *dele* tanto no Natal quanto no Boxing Day.[1] Dificuldades como essa continuam até que os motivos subjacentes sejam compreendidos e discutidos. Mas como isso é feito pode desenvolver ou diminuir relações. A resposta da outra parte a um problema emocional diz muito.

Se ela não sente que se está dando atenção suficiente às próprias necessidades, é comum ouvir uma espiral de conflito emergindo, em que uma afirmação (que pode ser percebida como ameaçadora) é rebatida com outra, ataque e defesa em turnos. Na conversa mencionada acima, a espiral continuou, trazendo à tona afirmações bastante ameaçadoras sobre outros familiares, os direitos de cada pessoa, o que foi feito em outras ocasiões e voltando até o casamento deles e o que cada um esperava do outro.

Aguardei até atingirem o ponto de ruptura: a conversa murchou até restar só silêncio, quando nenhuma das partes se sentia apta (nem motivada) a continuar. A única vez em que se mencionaram sentimentos foi em um comentário direto demais sobre a percepção dele de ser tratado como uma criança, que levou a uma atitude defensiva e a uma resposta irritada da parceira. A conversa foi bastante rápida, sem que houvesse espaço para se acalmarem nem mesmo, suspeito, para que entendessem as emoções que estavam na base daquela situação.

As pessoas gostam de pessoas que gostam delas. Elas se tornam mais abertas e receptivas quando recebem feedback positivo. As pessoas valorizam o que é sincero e verdadeiro. Assim, se uma relação é importante para você, mas não está funcionando bem, é fundamental demonstrar sua preocupação. Mesmo que haja máculas, seus sentimentos precisam ser explícitos, e não implícitos. Demonstrar que você se preocupa com eles resultará em uma conexão mais motivada e eficaz.

---

1. Boxing Day é um feriado nos países de língua inglesa (26 de dezembro) em que se aproveita para visitar familiares e amigos não vistos no Natal. (N.T.)

NÃO ESQUEÇA!!! As emoções exercem uma função importante, porém oculta, em muitas conversas, influenciando a relação por algum tempo depois.

COMUNICAÇÃO E GRUPOS

A maioria de nós precisa funcionar em equipes, empresas, comunidades ou grupos familiares, e há várias recompensas ao se fazer isso. Mas ser membro de um grupo nem sempre é fácil. A comunicação pode ser difícil, e geralmente é preciso ceder para chegar a um acordo. Entender as comunicações é uma parte importante da inteligência emocional. Existem várias causas mecânicas para que a comunicação dê errado (de locais de trabalho barulhentos a equipamentos de telecomunicação de má qualidade), sem falar em outros problemas, como a incapacidade que as pessoas têm de se expressar ou sentimentos que não entendem.

NÃO ESQUEÇA!!! As dificuldades de comunicação são com maior frequência sintomas em vez de causas.

À exceção dessas questões (e ao contrário das colunas de conselhos em jornais), os problemas de comunicação nas relações raramente são, eles próprios, causas de rompimento. Existem algumas questões mais fundamentais, às quais se dedica a inteligência emocional.

Tomemos como exemplo alguém que está entrando em uma nova equipe e a dificuldade de "se ajustar". Estudos sobre grupos e afiliação oferecem uma ampla variedade de razões para a necessidade que você tem de se adaptar. Pessoas que entram em novas equipes costumam ser bastante sensíveis a como serão vistas, o que pensarão delas e como precisam agir para obter aceitação de pessoas novas ou influentes. O tipo de submundo emocional que afeta a vida grupal produz uma série de comportamentos que, segundo argumentam muitos, são inevitáveis sempre que um grupo muda seus membros.

Quais são algumas das causas do comportamento emocional em grupos? Todos precisam resolver uma série de problemas que surgem quando entram em novas situações sociais:

- O problema da identidade. Quem eu serei nesta equipe? Onde eu me encaixo? Que tipo de comportamento é aceitável para mim?
- Os problemas de metas e necessidades. O que eu quero desta equipe? As metas do grupo podem se tornar consistentes com as minhas? O que posso oferecer para a equipe?
- O problema do poder, do controle e da influência. O que controla o que fazemos? Quanto poder e influência posso ter? E se eu não quiser a responsabilidade de liderar?
- O problema da intimidade. Até que ponto podemos confiar uns nos outros? O que fazer se houver quebras de confiança? Como podemos aumentar o nível de confiança para o que preciso?

Esses problemas produzem uma variedade de comportamentos projetados para estabelecer "ajuste". No entanto, estes geralmente causam problemas difíceis, porque são auto-orientados: projetados para ajudar o indivíduo a estabelecer a sua posição:

- Dependência/contradependência. Depender de ou, por outro lado, resistir a alguém na equipe que representa autoridade, sobretudo o líder ou a pessoa que encarna os valores aceitos.
- Conflito e controle. Afirmar a dominância pessoal, tentar forçar as próprias ideias, sem se importar com as necessidades dos outros.
- Afastar-se. Tentar obter cumplicidade por meio da solidariedade dos outros ou simplesmente tentar remover a fonte de sentimentos desconfortáveis abandonando psicologicamente o grupo.

- Formar duplas. Buscar um ou dois apoiadores e formar um tipo de subgrupo emocional no qual os membros protegem e apoiam uns aos outros.

> **PENSE NISSO**
>
> **Comunicação habilidosa**
>
> Um dos aspectos mais fáceis de se observar em relação à forma como funcionam as equipes e os grupos são os padrões de comunicação. O que você poderia aprender com a observação do seguinte?
>
> - Quem fala? Por quanto tempo? Com que frequência?
> - Para quem as pessoas olham quando falam: potenciais apoiadores? Olham para todos os membros do grupo? Talvez ninguém olhe para elas e, por sua vez, falam para o espaço vazio.
> - Quem fala depois de quem? Quem interrompe quem?
> - Que estilo de comunicação é usado? (Afirmações? Tons de voz? Gestos?)

Como capacitar pessoas inovadoras e criar afinidade

Certa feita, alguém disse que "a única coisa constante na vida é a mudança". Na sociedade em geral, e na indústria em particular, estão ocorrendo mudanças todos os dias que irão influenciar radicalmente a forma como se fazem negócios amanhã. A demanda por inovação criativa e por pessoas com criatividade está presente em todos os níveis do gerenciamento, do marketing e da produtividade. A avaliação em 104 bilhões de dólares de uma empresa de oito anos (Facebook) baseada em uma programação desenvolvida por um estudante de Harvard em seu quarto é evidência incontestável da importância da criatividade e de pessoas inovadoras.

Estudos indicam que, embora as pessoas criativas geralmente tenham inteligência acima da média, após um determinado nível (QI de 120) parece haver pouca correlação entre criatividade e QI. Alguns pesquisadores constataram que a ligação entre criatividade e desempenho acadêmico é insignificante, assim como a associação entre criatividade e velocidade de raciocínio. Ao contrário do que se previa, pessoas com raciocínio lento podem ser melhores na solução de problemas de uma maneira inesperada do que alguém que seja rápido de raciocínio. A confiabilidade de testes psicotécnicos para a criatividade ainda é limitada, embora existam cada vez mais evidências de que a ligação entre pensamento divergente (uma riqueza de ideias a partir de associações amplas) e pensamento convergente (estreitamento de ideias até chegar em especificidades) é importante. Alguns psicólogos acreditam que o pensamento não convencional encontrado em muitas pessoas criativas resulta, ao menos em parte, de alguma forma de resistência a regras rígidas. Indivíduos criativos são muitas vezes percebidos como sendo rebeldes e relutantes em abrir mão de sua natureza única e singular.

Diversos fatores parecem ser cruciais para determinar quanta criatividade alguém pode apresentar:

- o nível de talento criativo no indivíduo;
- a existência de outras habilidades ou sentidos mentais para nutrir a criatividade (por exemplo, um artista gráfico precisa ter uma forte memória visual e a capacidade de conceituar);
- a formação do indivíduo – dependendo do campo criativo envolvido (ciência, consumismo, música etc.), alguns ambientes podem ter estimulado, outros reprimido seus talentos criativos;
- um ambiente de trabalho que minimize regras rígidas demais, críticas dos colegas ou procedimentos inflexíveis.

As características de IE da criatividade estão atualmente sujeitas a uma considerável atividade de pesquisa, sobretudo por aqueles que exploram modelos mistos e de traços de IE. Os primeiros indícios sugerem que tanto a presença quanto a ausência de determinadas características de IE podem ser importantes para a criatividade.

Pesquisas indicam que estados emocionais negativos, como o estresse, são, na realidade, úteis para a persistência da criatividade, e características positivas de IE, como empatia e sociabilidade, apresentaram forte associação à colaboração e estética.

METANOIA E INVESTIGAÇÃO APRECIATIVA

TERMO-CHAVE

Metanoia significa mudar de mentalidade. Palavra com histórico rico, metanoia originalmente significava uma mudança essencial de ponto de vista, despertando uma consciência mais profunda e mais fundamental. É um importante conceito para desenvolver a inteligência emocional; pode reenergizar relações, oferecer novas ideias sobre pessoas que trabalham juntas e dar acesso a um rico canal de potencial.

Um bom exemplo de metanoia é a abordagem da "investigação apreciativa" para solução de problemas. Mudar a mentalidade sobre como operam as organizações pode levar a novas abordagens. O pensamento novo abre possibilidades criativas. Por tradição, tende-se a presumir que as organizações estão repletas de problemas que precisam ser resolvidos; investigá-los e identificar de quem é a culpa e o que está errado equivale à solução de problemas. As pessoas às vezes simplesmente fazem besteira. Por contraste, a investigação apreciativa é uma maneira emocionalmente inteligente de encontrar mudanças e melhorias. Baseada na mudança de mentalidade de "foco no problema e na culpa" para "desenvolver o potencial do que foi atingido", ela é uma busca cooperativa pelo que há de melhor nas pessoas e pelo entendimento sobre como criar mudança positiva na organização que desenvolveram.

A investigação apreciativa vem sendo bastante usada nas organizações que enfrentam grandes mudanças (inclusive nos serviços de saúde e na indústria da manufatura), principalmente quando devem ser mantidos o compromisso e a energia da equipe. Ela costuma passar por quatro estágios, conhecidos como os quatro "Ds":

Descobrir (*Discover*): apreciar e valorizar o melhor do que *existe*. São coletadas informações e histórias sobre o que está funcionando bem.
Sonhar (*Dream*): imaginar o que *pode acontecer*. Como queremos que sejam as coisas no futuro?
Projetar (*Design*): determinar *o que deve acontecer*. Como podemos passar de onde estamos agora para essa visão do futuro que criamos? Como podemos colocar as ideias em prática? Quem será envolvido?
Apresentar (*Deliver*): inovar o novo. Nessa fase, estratégias e projetos práticos são postos em prática e cria-se espaço para que as ideias fluam e se desenvolvam. Há uma ênfase no empoderamento e no incentivo para que as pessoas adotem ações e levem adiante as próprias ideias.

Foi realizada uma investigação apreciativa recente para desenvolver uma estratégia regional contra o câncer em um ambiente complexo de assistência médica, sob uma grande ameaça e com recursos drasticamente limitados. O que teria levado meses de reuniões, comitês e conflitos foi concluído com sucesso em três sessões de um workshop extenso no fim de semana – só para mostrar o que se pode fazer quando se adota uma perspectiva de IE.

O termo metanoia também tem a ver com enxergar o desenvolvimento dos indivíduos de uma maneira mais ampla. Ele propõe que não basta para uma organização meramente sobreviver ou competir. As pessoas precisam de ajuda para reduzir seus medos em relação a um mundo dinâmico e para que possam definir, com criatividade, novas formas de serem bem-sucedidas. Para tanto, é preciso desafiar limites e estruturas e desenvolver uma colaboração ampla, uma consciência de como mudanças sutis se integram a grandes problemas, uma compreensão de que procedimentos e sistemas limitam o que as pessoas podem fazer, e uma disposição em realizar grandes mudanças.

> **NÃO ESQUEÇA!!!** A metanoia tem a ver com se abrir para novas formas de ver as coisas e criar relações emocionalmente inteligentes, desenvolvendo o rico canal de potencial na maioria dos relacionamentos.

COMO IDENTIFICAR O RACIOCÍNIO DISTORCIDO

O raciocínio distorcido pode ter sérios efeitos sobre as relações com os outros e sobre a saúde emocional. Antes de falar sobre inteligência emocional há pouco tempo com soldados que voltavam de missões no Afeganistão, falei com o general encarregado de uma grande instituição beneficente em prol do Exército. Ele falou sobre as dificuldades enfrentadas por soldados que sofrem de estresse pós-traumático e do efeito que isso tem sobre a noção de quem eles são. Conversando sobre suas reações, os soldados revelaram uma série de mecanismos de defesa que usamos quando os hábitos, a noção de nós mesmos e as perspectivas do mundo estão todos de cabeça para baixo.

Os soldados muitas vezes criam um mundo irreal em casa, negando os traumas sofridos. Isso pode ser um problema grave para suas famílias e relações próximas. Pensamentos difíceis e inquietantes podem resultar em repressão – o afastamento inconsciente da percepção de informações que provocam ansiedade. Por vezes você reage de forma oposta ao que normalmente pensaria ou faria. Problemas familiares costumam ser causados por deslocamento, quando militares traumatizados redirecionam suas emoções rumo a um "objeto" menos ameaçador, como os familiares. A projeção de pensamentos próprios e inaceitáveis sobre os outros às vezes está relacionada a uma tendência de voltar aos tempos em que se era mais jovem e mais seguro, resultando em regressão para um comportamento infantil, necessidade de restauração da confiança e até mesmo ataques de raiva. O general também comentou sobre a frequência com que os soldados precisavam racionalizar a experiência, substituindo uma razão aceitável na própria mente por ações e motivos que, do contrário, achariam inaceitáveis. O problema é que esses mecanismos de defesa têm consequências.

Esse submundo emocional talvez seja extremo em comparação com a maior parte da vida, mas serve para destacar erros de raciocínio nos quais todos podem cair sem perceber. Estresse, ansiedade e relações difíceis podem levar a formas de pensamento que fazem o mundo parecer bastante sombrio e ameaçador. São padrões de raciocínio, e não pensamentos individuais, e podem ocultar oportunidades de novos desenvolvimentos ou de melhorar a vida. As mudanças de pensamento que você precisa identificar estão destacadas a seguir; lembre-se de que elas podem ser meros sintomas de uma perturbação emocional mais profunda, talvez sofrida muito tempo atrás. É difícil perder velhos hábitos...

Tipos de raciocínio distorcido

Generalização exagerada: por exemplo: "*Nunca* temos chance *nenhuma* de fazer isso certo…".

Filtro: concentrar-se em um único aspecto, excluindo outros mais positivos.

Descontar o positivo: por exemplo: "Sim, me saí melhor do que qualquer um esperava, mas *eles não gostaram de mim*".

Ausência de equilíbrio ("pensamento tudo ou nada"): algo é certo ou errado, sem existir nada intermediário.

Conclusões apressadas (futurologia): Pensar "é isso que *vai* acontecer" sem ter informações suficientes.

Ampliação ou redução: exagerar na escala de algo, por exemplo: "É o *fim* do mundo…".

Raciocínio emocional: basear as avaliações unicamente em sentimentos, e não em evidências, por exemplo: "Me sinto *culpado*. Tenho que mudar o que decidi".

Atribuição de culpa: por exemplo: "Deve ser *culpa* dela".

Leitura da mente e rotulagem: por exemplo: "Ela *acha isso*; ele *gosta daquilo*" (sem evidências).

Personalização: comportamento egocêntrico em que é difícil se concentrar nos outros, por exemplo: "Todos devem estar olhando para mim", "O que *eu* fiz é...", "*Eu* acho que...".

Os pensamentos, crenças e formas de interagir com os outros são baseados em como você percebe o que acontece com você. Como você faz isso é filtrado quando qualquer um desses tipos de raciocínio distorcido está presente. Estar ciente do raciocínio distorcido é parte da autoconsciência – a primeira ferramenta do conjunto de habilidades da inteligência emocional.

Perceber distorções de raciocínio nos outros também é um aspecto importante na criação de relações. É difícil criar ligações positivas e afetuosas com pessoas se você tem motivos contínuos para suspeitar do que dizem e quando o raciocínio delas não parece seguir as mesmas regras do seu. Ao reconhecer o pensamento distorcido, você consegue entender por que tem problemas e começar a construir relações melhores.

MENTALIZAÇÃO: QUANTOS AMIGOS VOCÊ TEM?

A construção de relações com os outros é um dos principais componentes da inteligência emocional na prática. Há muitas habilidades que você pode usar para criar relações fortes e eficazes com as pessoas. Porém, alguns se sentem menos à vontade ao fazer isso. Nem todos são pessoas sociáveis e extrovertidas, e fazer novas amizades pode ser mais difícil para alguns do que para outros. Assim como ocorre em vários aspectos do comportamento humano, parece que a variedade de relações que se pode ter, mais uma vez, está associada à estrutura do cérebro.

Novas pesquisas ajudam a entender os mecanismos envolvidos na inteligência social e emocional. Elas destacam como o tamanho de uma parte do cérebro (o córtex pré-frontal orbital, que se encontra logo acima dos olhos) está relacionado ao número de amizades que você desenvolve. Um estudo de 2012 constatou que indivíduos com mais amigos tinham mais capacidade ou "volume neural" nessa área, o que possibilita a eles ter melhor desempenho em certas tarefas associadas à criação de relações.

Essa região está envolvida em uma ferramenta crucial para a criação de relações: a capacidade de entender o pensamento dos outros. Ela é usada para descobrir como cooperar, criar empatia e ler a linguagem corporal. É ela que está envolvida quando você engana alguém. Com ela, também se pode prever com precisão o comportamento das pessoas, quase como se você estivesse lendo a mente delas.

Já aos dezoito meses de idade, os bebês olham para o rosto do pai ou da mãe em busca de informações do tipo "Como devo me sentir quanto a essa nova pessoa?". Parece que procuram informações sobre o que o pai ou a mãe está sentindo: é algo assustador ou não? Aos quatro anos, as crianças normalmente conseguem entender que as pessoas podem cometer equívocos e ter crenças falsas. A Chapeuzinho Vermelho achava mesmo que o lobo era a vovozinha dela, mas o leitor não. Crianças mais velhas que estudam filosofia e ética na escola usam a mentalização ao debater sobre as diferentes crenças e atitudes em todo o mundo e para contrastá-las com as suas próprias. Adultos utilizam a mentalização todos os dias, por exemplo: ao preparar apresentações para um público desconhecido. Você usa essas habilidades quando compra um presente para alguém com quem se importa, tentando encontrar o presente perfeito.

A "teoria da mente" (ou a capacidade de "mentalizar") é "uma das habilidades centrais que nos torna humanos", segundo Andrew Whiten, um renomado psicólogo e neurocientista, falando sobre a capacidade de entender o pensamento dos outros e de refletir sobre a própria capacidade incrível de fazer isso.

Mentalização significa a capacidade de visualizar o que as pessoas podem pensar e de usar isso para se comportar de maneira efetiva com os outros. A dificuldade nessa área é uma marca importante de pessoas no espectro do autismo e de uma condição chamada alexitimia, que se caracteriza por baixa sensibilidade emocional e dificuldade nos relacionamentos.

A neurociência por trás da mentalização envolve os neurônios espelhos discutidos em relação à empatia. Eles ativam uma representação ou memória da própria experiência, o que sugere para você quais *podem* ser as intenções de alguém. O córtex frontal, então, decide se a representação imaginária é relevante. Essa é uma importante habilidade de sobrevivência baseada em instinto e experiência. Visto que a intenção se relaciona a alguma ação futura, o nível de processamento emocional no cérebro é baixo.

Conforme mencionado quanto à empatia, onde há emoção considerável (como felicidade, medo, repugnância ou atração), utiliza-se um processo diferente. Os mesmos neurônios espelhos (uso de expressões faciais, tons de voz, fala e gestos na outra pessoa) criam em você a representação e as memórias do que o outro pode estar sentindo.

Porém, em vez de se associar ao córtex para entender tais emoções, o cérebro usa áreas mais envolvidas com a criação destas reações no corpo. Entre elas estão a amígdala e um lugar profundo no cérebro dos mamíferos mais antigos relacionado à sobrevivência e à segurança, conhecido como ínsula. Essas duas áreas criam imagens intensas, valendo-se de *suas* emoções reais. A experiência que você tem da mentalização se intensifica.

> **TERMO-CHAVE**
>
> Em suma, **mentalização** é a capacidade de entender as perspectivas e atitudes dos outros, suas crenças, valores e emoções. A inteligência emocional ajuda a entender como as ideias das pessoas se relacionam entre si e usa conexões entre elas como base para a criação de relações.

Entender como as pessoas estão se sentindo é um aspecto importante da inteligência emocional. Mas você sempre precisa se lembrar de que a empatia é criada a partir das próprias experiências e memórias; portanto, embora pense que entende as emoções de outra pessoa, nem sempre você pode estar certo.

PARTE II: INTELIGÊNCIA EMOCIONAL NA PRÁTICA

5. IE e o ambiente de trabalho

O VALOR AGREGADO DA IE

O livro *Inteligência emocional* (1995), de Daniel Goleman, foi descrito na introdução como um hit de sucesso que popularizou o campo em desenvolvimento da IE. Nos anos subsequentes, boa parte do interesse em inteligência emocional foi motivada por sua aplicação no local de trabalho. O interesse contínuo na IE foi atiçado algum tempo depois, sobretudo pela velocidade da mudança que afeta mercados e organizações de negócios desde o milênio e pelo reconhecimento de que a tecnologia trouxe consigo tamanha complexidade que as formas antigas de gestão de controle e comando ficaram insustentáveis.

Desenvolvimentos que fomentaram o interesse persistente na inteligência emocional incluem:

- mudanças estruturais, como estruturas mais planas e racionalização/downsizing;
- mudanças nos ciclos de vida dos produtos;
- maior complexidade e as implicações da tecnologia sobre o formato dos trabalhos;
- mudanças de mercado, globalização e ajustes financeiros;
- crescimento sem precedentes no setor sem fins lucrativos e baseado em valores;

- mudança contínua e revisão constante do processo;
- necessidade de desempenho cada vez melhor;
- capacidade insuficiente ou escassez de recursos;
- mudança nos padrões de emprego e frequência de mudanças de cargo na mesma carreira;
- aumento do estresse e de problemas de saúde mental;
- consumismo que afeta aspirações;
- maior foco no relacionamento com o cliente.

Já é bastante difícil equilibrar as demandas dos clientes e dos produtos com as demandas da tecnologia e dos sistemas usados para fornecê-los. No entanto, o recurso mais oneroso na maioria das organizações são as pessoas. A inteligência emocional é uma forma de garantir que o trabalho em conjunto pode criar valor agregado de maneira eficaz. Há muitas áreas ocultas da interação humana nas organizações, e todas precisam trabalhar para manter o funcionamento da organização.

O conceito de inteligência emocional encontrou solo fértil na paisagem dinâmica do local de trabalho nas organizações. A ideia de "organização de aprendizagem" foi definida em 1990 por Peter Senge, enfatizando os aspectos emocionais das organizações. Argumentando em prol de melhores relações baseadas em visão e valores compartilhados, ele conseguiu incentivar organizações a adotarem uma perspectiva nova, a fim de entenderem como as pessoas na organização veem a si mesmas e aos outros e os modelos mentais que utilizam para compreenderem como as coisas funcionam. A inteligência emocional foi identificada por várias organizações como crucial para o crescimento e a sustentabilidade. O relacionamento com os clientes e as partes interessadas é essencial, e a IE ajuda a criar conexão entre funcionários, clientes, partes interessadas e a comunidade mais ampla da qual faz parte.

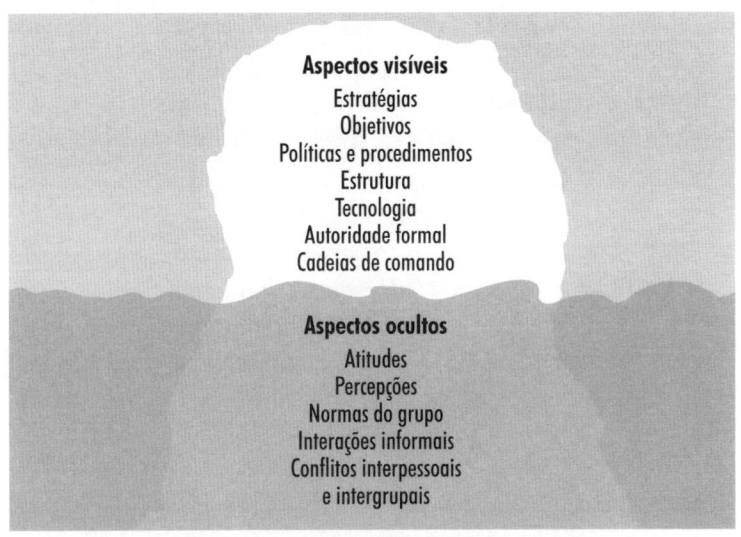

Aspectos visíveis
Estratégias
Objetivos
Políticas e procedimentos
Estrutura
Tecnologia
Autoridade formal
Cadeias de comando

Aspectos ocultos
Atitudes
Percepções
Normas do grupo
Interações informais
Conflitos interpessoais
e intergrupais

Aspectos visíveis e invisíveis da interação humana

> **NÃO ESQUEÇA!!!** Líderes eficazes olham além de si mesmos, para os outros; eles controlam as reações e gerenciam as relações com habilidade. Sob sua liderança, os funcionários trabalham com eficiência com os colegas e mantêm relacionamentos fortes com os clientes e com as partes interessadas.
>
> A inteligência emocional vem sendo usada nas organizações com liderança eficaz para comunicar metas, valores e formas de trabalhar que sejam positivas, autênticas, valorizem as pessoas e aceitem a mudança.

A IMPORTÂNCIA CRESCENTE DA INTELIGÊNCIA EMOCIONAL

Um conjunto cada vez maior de pesquisas mostra que a IE é um dos principais fatores no desempenho de sucesso, sobretudo em vendas e administração. Os resultados indicam, claro, que outros fatores são importantes: a alocação de recursos afeta o desempenho; o marketing de produtos influencia a resposta dos clientes. Porém, uma revisão objetiva das pesquisas sugere fortemente que a venda para clientes ou negociação e influência requerem inteligência emocional para que sejam bem desempenhadas.

> **TERMO-CHAVE**
>
> Habilidades no emprego, como assertividade, negociação e gestão de pessoas, são *sustentadas* pela inteligência emocional. Por esse motivo, vários pesquisadores da inteligência emocional no local de trabalho usam a expressão **competências emocionais** para descrever as habilidades necessárias em situações específicas no emprego.

Em 2000, um de diversos estudos incluiu 358 gerentes para avaliar se existem competências específicas de liderança que distinguem os profissionais com alto desempenho daqueles com desempenho médio. O estudo revelou uma forte relação entre líderes com alto desempenho e as competências emocionais de autoconsciência, autogestão, consciência social e habilidades sociais. Essas descobertas corroboram conclusões semelhantes obtidas por David McClelland, que incluíram trinta organizações diferentes.

Nesse estudo, homens e mulheres não se mostraram tão diferentes quanto ao nível de IE, embora diferissem quanto aos aspectos específicos dela. As mulheres tiveram pontuação significativamente maior em habilidades interpessoais e responsabilidade social, enquanto os homens apresentaram mais autoconsciência, eram melhores no controle das emoções e mais adaptáveis. As mulheres eram mais cientes das emoções, principalmente em situações com duas ou mais pessoas, e conseguiam demonstrar mais empatia em relação aos outros. Os homens tiveram pontuação melhor em autoconfiança, assertividade, tolerância ao estresse e controle de impulsos.

ESTUDO DE CASO

Do ponto de vista corporativo, as vendas instáveis de computadores da Apple e a baixa participação de mercado no início da década de 1990 foram transformadas pelo talento para o design e brilhantismo para o marketing trazido por Steve Jobs quando ele retornou à empresa em 1996.

Há poucas evidências sobre sua inteligência emocional pessoal, mas, como mudança inicial de gestão, a empresa passou a adotar uma estratégia corporativa emocionalmente inteligente. Ela concentrou-se no afeto, na fidelidade e no envolvimento que os clientes tinham com a Apple, no apego emocional à tecnologia inovadora e criativa e na importância de seus instintos e sentimentos quanto ao design. A empresa usou esses fatores como critérios para a tomada de decisão, envolvendo os clientes no processo de desenvolvimento e direcionando o marketing para atingir respostas emocionais aos produtos. A estratégia resultou em um aumento de 60 bilhões de dólares na receita anual.

Também se constatou que a capacidade de identificar sentimentos e de lidar com o estresse por meio do autocontrole é outro aspecto da inteligência emocional importante para o sucesso. Uma comparação entre gerentes de uma cadeia de lojas mostrou que aqueles com maior capacidade de lidar com o estresse (tanto pessoalmente quanto nas equipes) conseguiram atingir maior lucratividade, tiveram menos problemas de relações industriais, mais vendas por metro quadrado, mais vendas por funcionário e maior retorno sobre o investimento.

Conforme destacado na Parte I, a empatia é outro aspecto importante da inteligência emocional. Pesquisas recentes com compradores de varejo no Reino Unido e na África do Sul identificaram a importância de características relacionadas à empatia em representantes de venda. Na análise dos pedidos dos compradores, foi dado um valor 30% maior para os representantes com alta pontuação nas características da IE de sensibilidade, consciência, imaginação, capacidade de expressar sentimentos e abertura a mudanças de comportamento. As explicações dos compradores sobre suas decisões de compra confirmam que pontuações altas em IE se traduzem no comportamento dos vendedores. As percepções dos compradores foram que os representantes de vendas escutavam bem e entendiam de verdade os desejos, as necessidades e as preocupações dos clientes. Eles se mostravam sensíveis aos sentimentos dos compradores e estavam dispostos a criar um senso de abertura sobre si mesmos e sobre a empresa que representavam.

NÃO ESQUEÇA!!!

A inteligência emocional aumenta o faturamento:

- os otimistas superam os pessimistas em vendas em até 25%;
- os compradores recompensaram os vendedores com empatia fazendo pedidos com valor 30% maior.

No contexto militar, estudos demonstram que os líderes mais eficazes de unidades operacionais tendem a ser mais afetuosos (com bom senso de humor), expressam como se sentem, ficam atentos/entendem relações entre os colegas e se comportam de maneira sociável. Em organizações de educação e assistência social, a capacidade de expressar sentimentos abertamente e, ao mesmo tempo, manter o autocontrole possibilitou que líderes de equipe estabelecessem melhores relações com colegas e clientes, levando a maior cooperação, aceitação de limites, melhor desempenho e recursos colaborativos de compartilhamento de comportamentos.

LEMBRE-SE DISTO

A inteligência emocional tem a ver com saber quando e como *expressar* a emoção, além de controlá-la.

Em um estudo de 2001, funcionários de um supermercado do Reino Unido que tiveram altos níveis de IE apresentaram menos estresse e melhor desempenho; eles eram mais felizes, tinham melhor equilíbrio entre casa e trabalho e gozavam de melhor saúde.

Uma pesquisa com policiais relatou descobertas semelhantes em 2004, sendo que a maior consciência emocional esteve associada à capacidade de lidar melhor com o estresse no trabalho.

Talvez você não acredite que tenha talento para lidar com as pessoas, mas o peso das evidências é claro. O "sistema social" (liderança, tomada de decisão, motivação, cultura, valores etc.) precisa se integrar com os sistemas técnicos e de produção que você utiliza. Um local de trabalho gerenciado sem inteligência emocional será um local infeliz e fracassado.

Como lidar com a incerteza

Às vezes, é importante dizer o óbvio. Na rotina diária da vida moderna de negócios, a inteligência emocional não é uma varinha mágica a ser acenada com a expectativa de que vá resolver todos os problemas. Considere, por exemplo, um dos problemas constantes enfrentados por todas as organizações: como lidar com a necessidade de mudança.

Quais você acha que foram os benefícios de cada ação adotada pela gerente no estudo de caso a seguir?

ESTUDO DE CASO

Uma gerente do Serviço Nacional de Saúde do Reino Unido encarregada de uma unidade hospitalar com excesso de despesas precisava introduzir grandes mudanças, reduzir os gastos, aumentar a confiabilidade da tecnologia e aderir às metas de serviço impostas nacionalmente. Seu predecessor havia recomendado cortes drásticos.

A nova gerente adotou uma abordagem mais voltada à IE. Ela pediu para a equipe identificar e coletar dados para revisar os processos de trabalho, a demanda geral pelo serviço e a capacidade atual. Deu autoridade para que um grupo representativo de médicos e de outros funcionários fizesse, ele próprio, as mudanças. Depois, contratou um facilitador para trabalhar com o grupo e superar qualquer dificuldade do trabalho em conjunto.

A abordagem emocionalmente inteligente foi desenvolvida, em parte, pela tentativa de estabelecer uma visão mais clara do que era possível no serviço e dos valores que precisavam ser compartilhados, além do espírito positivo quanto ao que devia ser feito. Assim, pelos seis meses seguintes, eles trabalharam em valores norteadores específicos, na racionalização de objetivos e na cooperação para haver um melhor alinhamento do caminho dos pacientes. Foi desenvolvido um sistema de TI de rede social interna para aprimorar a comunicação e as informações sobre o potencial impacto das mudanças futuras.

Ao final de sete meses, atingiram todos os padrões nacionais para tempo de tratamento do paciente, reduziram os custos gerais em 6%, estavam em vias de alterar vários processos do paciente e de administração e estavam realizando atualizações semanais sobre assuntos clínicos e mudanças iminentes na política. Foram conduzidos questionários sobre bem-estar psicológico no início e no fim do projeto, mostrando um aumento de 27% na satisfação, apesar do efeito de exclusão de 2% de funcionários que foram transferidos para outra unidade de atendimento.

Nesse hospital, o foco inicial na economia foi tamanho que o efeito sobre a equipe foi subestimado. Comunicar-se com a equipe e dar a ela responsabilidade pela mudança com base em um conjunto claro de valores garantiu a redução da ansiedade e a implantação das mudanças. A gerente reconheceu a importância de manter a estabilidade melhorando a comunicação dentro da equipe.

A inteligência emocional na abordagem enfrentou os efeitos incapacitantes da incerteza e aumentou a propriedade da mudança. Reduziu a ansiedade sobre mudanças futuras aumentando a comunicação e estabelecendo canais de inteligência. A abordagem da "metanoia" os forçou a racionalizar metas ambíguas e conflitantes e a pensar em procedimentos eficazes para continuar atingindo seus valores e sua missão.

Situações difíceis no local de trabalho

Em sua opinião, quais são as situações mais difíceis no trabalho?

EXPERIMENTE AGORA!

Cite duas ou três situações pelas quais você passou nas últimas duas semanas. Como elas se manifestaram no início?

Quais foram os eventos ou fatores envolvidos que ativaram a sua consciência delas como situações difíceis?

Quais foram seus pensamentos iniciais sobre as dificuldades? (Pode ter ocorrido uma corrente de vários pensamentos; cite apenas os que fizeram você se sentir particularmente desconfortável.)

Pense em situações semelhantes do passado. Talvez seja útil pensar no seu problema como um sistema de peças inter-relacionadas. Elas se conectam de alguma forma?

Tente descrever as causas da situação de acordo com a sua percepção.

Tente descrever as causas para que você a considerasse uma situação difícil. Quais são as consequências? Você já passou por situações semelhantes?

Você está tendo algum "raciocínio distorcido"? (Consulte as páginas 127 e 128. Cite todos os que você reconheça.)

A montanha-russa emocional das situações difíceis

Lidar com colegas irracionais, clientes grosseiros, e-mails irritantes, decisões frustrantes e comportamento imprevisível, para a maioria das pessoas, é um dia típico no trabalho. Situações difíceis no trabalho produzem uma montanha-russa semelhante à forma como as pessoas sentem tensão em qualquer situação estressante.

    Surpresa e incerteza, que podem estar no começo de uma situação difícil, marcam um período de forte excitação (a resposta do corpo à ameaça, conforme descrito na Parte I). Isso continua até começar a ação em busca de uma solução.

    A resposta é acionada no sistema límbico do cérebro: estruturas do cérebro que, entre outras coisas, têm um grande efeito sobre como você lida com situações emocionais. O impacto da situação sobre as emoções é modificado, em certa medida, pela atividade cognitiva (análise e raciocínio) que ocorre. Mas o poder das emoções aumenta à medida que é assimilada a consciência das potenciais consequências da situação. A tensão que você sente se mantém até que a possibilidade de desenvolver uma solução satisfatória comece a tomar forma. A excitação (tensão) é reduzida quando se adota uma ação e parece que a situação está sendo resolvida.

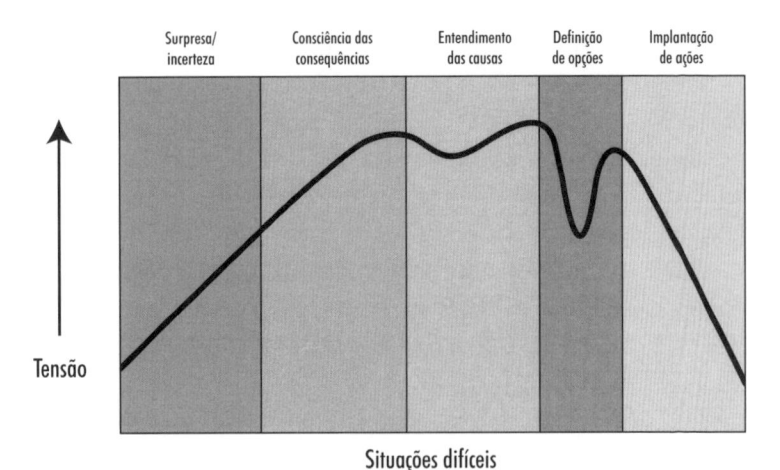

A montanha-russa emocional

No local de trabalho normal e cotidiano, situações difíceis são praticamente inevitáveis, e é melhor enfrentá-las com estabilidade emocional e tranquilidade. O erro que algumas pessoas cometem quando ouvem falar em IE é pensar que permanecer no controle significa se fechar ou tentar não ser emocional. É claro que há ocasiões em que é importante reagir ao que acontece com imparcialidade. Mas essa não é a questão. A inteligência emocional não serve para criar zumbis!

> **NÃO ESQUEÇA!!!** A atenção plena (*mindfulness*) promove a emoção para que seja parte do processo de pensamento consciente. Isso reduz a tensão que você sente e também ajuda a entender os sentimentos dos outros.

Quando surge uma situação nova e difícil, seus níveis de estresse já podem estar bastante altos. É importante reconhecer que o bom senso no local de trabalho pode ser influenciado pela discussão que você teve com seu parceiro (ou parceira) antes de sair de casa. Talvez reforçada pela raiva durante a manhã toda e por uma reunião anterior com colegas difíceis, a irritação acumulada pode deixar você bem mais sensível a situações complicadas do que gostaria de ficar. Você aprendeu sobre autoconsciência e atenção plena na Parte I deste livro, mas a questão é que outras pessoas são exatamente como você. A reação delas pode ser influenciada por outras experiências ou pressões.

O enfrentamento dessas situações começa com a descoberta de quais emoções estão presentes e de quais podem ser as consequências: um cliente irritado pode estar furioso por ter sido maltratado e pode cancelar o pedido, mas também pode reagir com muita cautela na próxima vez em que receber uma ligação de um dos seus representantes de vendas, mesmo que seja uma pessoa diferente. A pessoa incomodada porque suas ligações telefônicas foram ignoradas pode ficar mais exigente no futuro. Ou pode simplesmente procurar outro fornecedor. O mais provável é que o vendedor ocupado que ignorou a ligação tenha dificuldade em fechar negócios futuros. É do ponto de partida de estar ciente das emoções e de suas possíveis consequências que uma pessoa emocionalmente inteligente adquire o poder de enfrentar a situação. Você pode, então, decidir quanto à melhor forma de gerenciar a relação a partir daí.

NÃO ESQUEÇA!!!

A IE para situações difíceis envolve:

- desenvolver uma perspectiva positiva, concentrando-se nos pontos fortes e nas oportunidades, em vez de na culpa e nos pontos fracos;
- estar ciente de suas reações instintivas;
- usar a empatia, que é um dos principais indicadores de inteligência emocional;
- decodificar a linguagem corporal;
- mostrar aos outros que você entende os sentimentos deles;
- confirmar com eles que você entende o problema;
- ser claro sobre o objetivo final – soluções que satisfaçam as necessidades dos dois;
- obter atenção;
- usar linguagem colaborativa e solucionar problemas;
- fornecer a base para o trabalho futuro positivo.

ANSIEDADE

Para alguns, os obstáculos enfrentados ao lidar com situações difíceis não são a situação real em si, mas as próprias ansiedades e medos. Quem já sofreu um ataque de pânico (por ter de voar, por exemplo) conhece bem o pavor e o medo que o acompanham. Porém, depois disso, voar não é o foco. O problema passa a ser o medo do próprio pânico, movido pela impotência associada a ele. Por consequência, qualquer pensamento sobre voar é definido pelo pânico e pela sensação de aprisionamento. Com isso, enfrentar a situação em si (o voo) é duplamente difícil. Também em situações de trabalho adotar a "futurologia" – especular sobre o que *pode* acontecer e sobre as consequências *imaginadas* de nossos medos – resulta no que, por vezes, é chamado de "ansiedade antecipatória".

Considere alguém que teme ter um mau desempenho ao falar com um grupo difícil. O medo pode levar à procrastinação – adiar a preparação, por exemplo, para reduzir a ansiedade – e, por conseguinte, a uma profecia que se concretiza, isto é, o medo de ter um mau desempenho faz com que isso aconteça de fato.

Um indivíduo consciente e com inteligência emocional irá reconhecer seus medos, aceitando que todos se preocupam de vez em quando. No longo prazo, pessoas emocionalmente inteligentes tendem a se tornar indivíduos autoconfiantes e decididos com maior tolerância ao estresse, por isso aceitar sentimentos de ansiedade e reconhecer a sua legitimidade não significa deixá-los assumir o controle.

A consciência que você tem dos outros que estão envolvidos ajuda a distinguir entre o problema real e as questões referentes às pessoas. Ao entender o comportamento, você descobre questões que talvez precise explorar ou opções de como resolver problemas.

O autocontrole nessa situação exige habilidades de solução de problemas: a capacidade de distinguir os sintomas de um problema das causas subjacentes; uma noção de quanto do problema você pode enfrentar (os limites com os quais você pode lidar); se precisa de um plano e como dar conta das emoções presentes em você.

LIDERANÇA, INTELIGÊNCIA EMOCIONAL E SUCESSO

Na nova economia de hoje, a velocidade de comunicação aumenta de maneira impressionante, tanto internamente quanto em mercados domésticos e no exterior. Comércio pela internet, redes sociais e a reestruturação fundamental de produtos e dos mercados em que são comercializados levaram a grandes mudanças organizacionais. Conforme desaparecem as camadas da gerência média, as despesas com a alta administração estão começando a ser aparadas. Parcerias colaborativas e recolocação de profissionais substituíram hierarquias ultrapassadas de comando e controle, e as organizações estão exigindo que o trabalho das pessoas seja mais barato, mais rápido e mais inteligente do que nunca. A sobrevivência pós-crise financeira voltou a sua atenção para a necessidade de crescimento e inovação.

A consequência dessa instabilidade organizacional e de mercado para os funcionários é uma percepção disseminada de um ambiente mais ameaçador e de maior consciência do risco. A relação entre funcionários e líderes também mudou nesse ambiente. Embora em momentos de sucesso os funcionários procurem liberdade e oportunidades para enfrentar a mudança e o desafio (e rejeitar ativamente uma gerência próxima demais), essas circunstâncias são bastante distintas. Em algumas organizações, os funcionários têm uma tendência a evitar o risco, contrastando com a abordagem positiva e proativa necessária em novas situações. O ambiente interno da empresa moderna tipicamente envolve um aumento nas horas de trabalho, mais complexidade tecnológica, níveis mais altos de insegurança e imperativos de trabalho que podem levar a problemas no equilíbrio entre trabalho e vida, que também é uma questão importante para a sobrevivência no longo prazo. Com frequência cada vez maior, os funcionários agora recorrem a gerentes e líderes para obter o incentivo e o apoio para enfrentar novos desafios. Líderes emocionalmente inteligentes têm uma consciência profunda da necessidade de responder às ansiedades da equipe e de restabelecer a conexão emocional positiva com o propósito e a direção da organização.

Um estudo do Centro de Liderança Criativa descobriu há pouco duas áreas críticas em que a liderança parece falhar nesse contexto. Líderes incapazes de se adaptar à mudança costumam se tornar rígidos, como forma de reduzir a incerteza e o risco. Eles podem ser incapazes de ouvir as preocupações da equipe ou de responder de maneira rápida o bastante às mudanças que as novas condições podem exigir. Também promovem relações deficientes sem perceber. Maltratam quem trabalha com eles com críticas duras, insensibilidade, exigências exageradas ou manipulação. Esses líderes, para serem eficazes, precisam se tornar mais inteligentes emocionalmente.

De acordo com essa pesquisa, para posições de liderança sênior, as competências de inteligência emocional representam mais de 85% do que destaca profissionais com alto desempenho da média. E quanto mais alto se sobe na organização, mais essas competências parecem importar. Em um estudo sobre o impacto financeiro da inteligência emocional, dois anos depois de avaliar a frequência com que demonstravam sua inteligência emocional e os benefícios financeiros criados por ela, 41% de líderes experientes que desenvolveram comportamentos frequentes de inteligência emocional foram promovidos, comparados com somente 10% dos que não apresentaram tais comportamentos. Ao menos da perspectiva do desenvolvimento da carreira, a inteligência emocional é importante para o sucesso! Mas que evidências existem sobre como o comportamento emocionalmente inteligente influencia o sucesso entre a variedade de funções em uma organização?

A tabela a seguir mostra os comportamentos de inteligência emocional associados ao alto desempenho e ao sucesso na carreira em uma série de diferentes profissões.

Pesquisas nessa área sugerem que, no geral, as características que parecem promover o sucesso entre todos os contextos de trabalho são:

- líderes que sentem que estão desenvolvendo a si próprios e realizando seu potencial;
- pessoas que sentem que suas relações contribuem para a sensação de felicidade mais de 75% do tempo;
- líderes que conseguem ver seus colegas e as situações enfrentadas com otimismo;
- pessoas que são confiantes e positivas sobre si mesmas e buscam feedback ativo dos outros;
- indivíduos que são assertivos e preparados para manifestar opiniões contrárias, caso seja necessário.

Comportamentos predominantes de IE	Alto desempenho em:						
	Marketing	Atendimento ao cliente	Vendas	RH	Financeiro	Alta administração	Jurídico
Otimismo	√		√	√	√		
Teste de realidade	√		√			√	
Independência	√						√
Controle de impulsos	√						
Responsabilidade social		√		√			√
Tolerância ao estresse		√	√				
Assertividade		√	√	√			√
Felicidade		√		√	√	√	
Relações interpessoais	√	√		√	√	√	√
Autorrealização		√		√	√	√	
Autoestima			√			√	
Empatia			√		√		√

6. Criação e ensino dos filhos

ALFABETIZAÇÃO EMOCIONAL

A promoção da saúde e do bem-estar emocional em escolas vem sendo do interesse de professores há muitos anos. O trabalho sobre esse tema nas escolas quase nunca é definido como sendo algo referente à inteligência emocional, apesar dos paralelos entre os tópicos envolvidos e as metas de desenvolvimento. Um relatório publicado pelo governo do Reino Unido em 2005 associou o uso de materiais de aprendizagem de IE distribuídos nacionalmente a duas áreas de educação:

1. promoção do bem-estar social e emocional, para lidar de maneira efetiva com questões de saúde mental dos alunos;
2. comportamento dos alunos: as crianças não necessariamente sabem como se comportar bem. Algumas não tiveram a oportunidade de aprender o bom comportamento em casa; outras podem estar aprendendo, mas suas habilidades precisam de reforço.

O significado geral de ensinar as crianças a serem emocionalmente alfabetizadas é claro. Uma criança ou estudante (ou, aliás, qualquer pessoa) que esteja ansiosa, irritada ou deprimida não aprenderá com facilidade: pessoas que se encontram nesses estados não assimilam a informação com eficiência nem lidam bem com ela. Quando as emoções se sobrepõem à concentração, o que está sendo sobrecarregado é a capacidade mental que os cientistas cognitivos chamam de "memória de trabalho", ou seja, a capacidade de armazenar todas as informações necessárias que são relevantes para a tarefa atual. O impacto disso pode, sem dúvida, limitar o desenvolvimento de habilidades e de potencial, mas também parece incentivar uma sensação de desavença com a escola, com a sociedade como um todo e com normas de comportamento socialmente aceitas.

Pesquisas sobre a função da inteligência emocional na modelagem do comportamento na escola constataram que os alunos com pontuação mais alta em inteligência emocional tinham menos probabilidade de ter dificuldades na escola. Uma série de estudos sugere que a inteligência emocional mais baixa está implicada no comportamento inaceitável; portanto, nessa base, parece razoável sugerir que o desenvolvimento da inteligência emocional em crianças ajuda a criar um ambiente mais inclusivo e reduzir o número de crianças em risco de alheamento.

Outras pesquisas clínicas destacam os riscos que ocorrem quando se *ignora* a inteligência emocional. A presença de traços insensíveis e não emocionais em jovens, sobretudo em meninos, parece conferir uma vulnerabilidade subsequente a problemas de saúde mental além daqueles que talvez sejam produto dos fatores de risco estabelecidos para a doença psiquiátrica na infância. Estão sendo conduzidas pesquisas sobre como esses traços se desenvolvem e como a IE modifica os riscos resultantes.

ESTUDO DE CASO

Uma história de saques e prisões

Em 2011, ocorreu uma onda de distúrbios sociais e saques em diversas cidades do Reino Unido. Um estudante de dezenove anos, sem envolvimento prévio com o crime, entrou em uma vitrine quebrada em Londres e roubou um rádio no valor de 150 libras. Encarcerado por três meses, ele descreveu estar envolvido em toda a "excitação e energia da multidão", "sentindo que não tinha como escapar da multidão", afirmando que estava tão empolgado que simplesmente "não pensou": pegou uma caixa e correu. Segundo alegou, ele "não era ele mesmo", e nem ao menos sabia o que havia roubado. Ele já tinha um rádio igual em casa.

Os relatórios policiais dizem que, embora soubesse a diferença entre certo e errado, ele teve dificuldade em se lembrar de qualquer coisa que aconteceu e parecia não entender por que fora preso. Era voluntário na comunidade, e aquele comportamento estava completamente fora da sua personalidade.

Hoje ele repete várias vezes: "Eu não estava pensando direito. A coisa de que eu mais me arrependo é ter feito algo quando eu estava fora de controle. Não consegui dar conta daquela agitação toda".

Afinal, o que queremos para nossos filhos?

Mais de dez anos atrás, em *Defying Disaffection* [Desafiando o desamor], a pesquisadora americana Reva Klein propôs um programa para a educação que se encaixa perfeitamente no modelo de inteligência emocional:

"Queremos que os nossos filhos consigam aprender a comunicar seus sentimentos, definir objetivos e trabalhar para atingi-los, interagir bem com os outros, resolver conflitos de forma pacífica, controlar a raiva e negociar o caminho através das várias relações complexas que terão na vida hoje e amanhã".

Isso significa ajudar todos os estudantes, desde o começo da educação, a ter metas significativas, gerenciar sentimentos fortes, resolver conflitos de maneira efetiva e justa, solucionar problemas, trabalhar e brincar com cooperação, ser respeitosos, calmos, otimistas e resilientes. Mas as habilidades sociais, emocionais e comportamentais são "ensinadas ou captadas"?

NÃO ESQUEÇA!!! A inteligência emocional é um dos principais fatores que ajudam as crianças a aprender de maneira efetiva e fazem das salas de aula um lugar tranquilo e otimista para a aprendizagem.

COMO ENSINAR A INTELIGÊNCIA EMOCIONAL

No Reino Unido e nos Estados Unidos, muitos professores se concentram nos cinco principais aspectos da aprendizagem de habilidades sociais, emocionais e comportamentais:

1. autoconsciência;
2. controle de sentimentos;
3. motivação;
4. empatia;
5. habilidades sociais.

Após o interesse profissional e governamental em inteligência emocional, várias escolas agora organizam programas para ensinar essas habilidades para as crianças no currículo escolar. Porém, o contexto em que operam as escolas também é importante. A inteligência emocional não é algo que possa ser ensinado de forma isolada. Ela precisa ser "captada" dos outros. As crianças precisam sustentar a aprendizagem com a prática em situações da vida real e em um ambiente emocionalmente positivo em que a inteligência emocional seja modelada e elas sejam ensinadas de maneira rotineira e consistente.

Hoje há um conjunto de provas que sugerem que, se houver tal ambiente, a aprendizagem da inteligência emocional pode beneficiar o desempenho acadêmico e o comportamento nas escolas. Avaliações de programas do Reino Unido indicam um aumento linear na capacidade matemática das crianças e um considerável impacto positivo nas disciplinas de línguas, artes e ciência social. Por exemplo, em um estudo, os alunos conseguiram entender melhor os motivos de personagens estudados em literatura e história inglesas.

Do ponto de vista de comportamento e presença, uma análise de iniciativas no Reino Unido revela que as crianças que atingiam pontuações *altas* em inteligência emocional:

- exibiram menos emoções e comportamentos negativos na escola;
- tinham menos probabilidade de permitir que as dificuldades próprias interferissem nas relações com os colegas e na aprendizagem em sala de aula;
- tinham menos probabilidade de sentir estados emocionais negativos, problemas de hiperatividade ou de comportamento com seus pares;

- tinham menos probabilidade de ter ataques de raiva, de mentir e de colar nos exames;
- eram geralmente obedientes e trabalhavam bem com a autoridade;
- eram menos distraídas, tinham mais capacidade de concentração, de permanecer na mesma tarefa e de pensar nas coisas antes de agir;
- tinham menos probabilidade de fazer amizades e de serem populares entre os pares;
- tinham menos probabilidade de importunar ou fazer bullying com os colegas;
- foram classificadas pelos professores como atenciosas aos sentimentos dos outros (demonstrado em comportamentos como compartilhar com as outras crianças, ser gentil com as crianças mais novas, ser prestativo se alguém se machucasse e se oferecer para ajudar os outros).

Crianças que atingiram baixas pontuações em inteligência emocional, no entanto, tiveram mais problemas. Elas costumavam reclamar de dores de cabeça, tinham inúmeras preocupações, muitas vezes estavam infelizes, desanimadas ou chorosas, ficavam nervosas ou dependentes em situações novas, tinham muitos temores e se assustavam com facilidade. Elas pareciam não ter desenvolvido estratégias eficazes de enfrentamento para ajudá-las a lidar com dificuldades na escola, situações desafiadoras nem qualquer problema típico de sala de aula ou entre colegas que pudesse ocorrer.

ORIGENS DIFERENTES, MESMAS RESPOSTAS

Pesquisas nos Estados Unidos e no Reino Unido levaram a estratégias de ensino que promovem a IE em escolas e ao desenvolvimento de materiais para treinamento de professores e uso em sala de aula. No Reino Unido, a origem da abordagem adotada foram preocupações profissionais quanto aos aspectos sociais das escolas, sobretudo em relação à presença e ao comportamento. Nos Estados Unidos, porém, o foco inicial recaiu sobre o fato de a IE beneficiar ou não o desempenho acadêmico. Parecia que não. As abordagens nos Estados Unidos e no Reino Unido agora se concentram em uma variedade semelhante de problemas e habilidades.

UM DESAFIO PARA OS PROFESSORES?

Um artigo publicado pelo governo do Reino Unido em 2001 (*Achieving Success in Schools* [Atingindo sucesso nas escolas]) descreveu a importância de trabalhar a inteligência emocional das crianças. Nesse artigo, a IE foi vista como um veículo importante para promover o comportamento positivo e colaborativo que resultaria em aprendizagem mais eficaz e em melhor criatividade. A inteligência emocional aprimorada, argumentava o artigo, poderia levar a melhores níveis de realização em todo o currículo escolar.

Conforme descrito anteriormente, a importância da capacidade de reconhecer, entender, enfrentar e expressar de maneira adequada as emoções se tornou amplamente aceita na educação. Na obra *The Little Book of Big Stuff about the Brain* [O pequeno livro de grandes fatos sobre o cérebro], o consultor em neurologia pediátrica Andrew Curran discute a alfabetização emocional e o argumento de que, à medida que o cérebro se desenvolve, as crianças têm de adquirir uma quantidade cada vez maior de independência e resiliência para sustentar o crescimento das conexões neurais. Argumentando em prol de métodos de ensino que incentivam um maior autoconhecimento e controle das ações pelos alunos, ele descreve a consciência crescente da inteligência emocional no ensino como "a coisa mais importante que já aconteceu na educação nos últimos cem anos".

A alfabetização emocional e a inteligência social ou emocional na qual ela se baseia podem ter grande importância no que os professores lecionam, em como é elaborado o currículo escolar, na forma como as lições são apresentadas, nas relações que os professores desenvolvem com seus alunos e, talvez em última análise, nos resultados que os alunos conseguem atingir.

Em países como o Reino Unido, onde, desde 2001, foi aceita a necessidade de desenvolver a inteligência emocional no sistema de educação em nível governamental, professores e outros funcionários das escolas recebem orientação para ajudar a criança a:

- assumir responsabilidade pela própria aprendizagem e ser capaz de gerenciá-la;
- desenvolver os hábitos da aprendizagem eficaz;
- saber trabalhar com independência, sem supervisão próxima;
- ser confiante e capaz de investigar problemas e encontrar soluções;
- ser resiliente diante de dificuldades;
- ser criativa, inventiva, arrojada e empreendedora.

Esses resultados são atingidos por meio de competências como identificar, enfrentar e expressar emoções; controlar a raiva e a ansiedade; criar autoestima; e desenvolver habilidades sociais pela amizade oferecida nas aulas e nas escolas.

O principal desafio para os professores não é como organizam aulas específicas sobre inteligência emocional. Em vez disso, é saber se podem integrar a aprendizagem sobre inteligência emocional no ensino das disciplinas normais; por exemplo, incorporar aprendizagem sobre autoconsciência, controlar emoções, empatia e outras habilidades desse tipo em uma aula de matemática, geografia, ciência ou línguas.

PENSE NISSO

Bons professores se preocupam em desenvolver habilidades de pensamento há anos, e a forma como o fazem é fundamental. Se você é professor, como a inteligência emocional se apresenta na sua abordagem pessoal ao ensino do dia a dia?

- Como você incentiva um aluno a estar ciente das próprias emoções quando está encontrando dificuldade em uma determinada tarefa?

- Como você incentiva um aluno a controlar os próprios sentimentos quando o comportamento ou o desempenho dele é afetado?
- Como você dá feedback de forma que o aluno esteja ciente do que pode atingir e valorize a si mesmo?
- Como você ajuda uma criança que está frustrada, incerta ou ansiosa? E, antes de mais nada, como você a identifica?
- Quanta importância você deposita no processo social do trabalho em grupo em vez de no desempenho nas tarefas?
- Onde existem diferenças de pontos de vista entre os alunos, como você recompensa a colaboração em vez da resposta correta?
- Onde as habilidades sociais, emocionais e comportamentais se encaixam nos seus esquemas de trabalho ou planos de aula?
- Como as suas estratégias para controlar sentimentos são aplicadas no trabalho escolar do dia a dia em vez de em situações de comportamento ou disciplina?

Cuidados dos pais

O diretor da minha antiga escola sempre usava uma observação perspicaz para que os pais pensassem sobre suas funções no desenvolvimento dos filhos. Ele dizia para eles: "A educação e a aprendizagem são importantes demais para deixá-las para a escola, por melhor que ela seja". Ele acreditava que a base do que hoje chamamos de inteligência emocional da criança começa com a relação inicial dela com os pais. Seu desafio era perguntar aos pais ou cuidadores: "O que vocês fazem agora para criar uma base sólida para o desenvolvimento futuro?".

PENSE NISSO — Apresento algumas ideias sobre criação positiva dos filhos para desenvolver a inteligência emocional das crianças. Com qual você se sente à vontade, e qual pode lhe causar alguma dificuldade?

1. A IE alta começa na infância com as primeiras interações do seu filho com você, a partir das quais ele desenvolve sentimentos de segurança e confiança. Passe tempo com seu bebê quando ele precisar de você. Responda de imediato ao choro. Ajude o bebê a se sentir seguro distanciando-se gradualmente (à noite, por exemplo). Evite a recomendação "Deixe que chorem, eles sobrevivem".
2. Há quase cem anos, o psicólogo H. Stack Sullivan demonstrou que os bebês captam a ansiedade dos pais. Pesquisas recentes confirmaram que o toque, a voz e os movimentos dos pais podem acalmar uma criança ou estimular a ansiedade. Lide com a própria ansiedade e estresse; não os transmita para a criança pequena.
3. Bebês aprendem a se acalmar sozinhos primeiro tendo alguém para confortá-los e, depois, respondendo de forma espelhada. Com isso, eles obtêm a experiência de controlar e tolerar as necessidades físicas e emocionais. A base para se tranquilizar por conta própria mais tarde na vida vem disso; mostrar ao bebê como se acalmar segurando-o, confortando-o e acariciando-o ajuda as redes neurais a se desenvolverem da forma certa. Isso deve ter início no começo da vida, porque, conforme ficam mais velhos, suas emoções os afetam com mais intensidade. Entre um e três anos, eles têm muita dificuldade em aprender a se acalmar ou se regular sozinhos, porque qualquer sentimento os deixa ansiosos. Mais tarde na infância, sentimentos de carência, medo ou raiva podem acionar uma ansiedade envolvente ou mesmo pânico, e, sem a capacidade de controlá-los, resultarão comportamentos como bullying, evasão e falta de cooperação.
4. Ensine às crianças que elas não podem escolher os sentimentos, assim como não podem escolher braços e pernas, mas podem – e devem – escolher o que fazer com tais sentimentos. Os pequeninos não sabem diferenciar entre as emoções e eles próprios, por isso é importante que as crianças mais jovens entendam os limites para definir quais ações são aceitáveis

para os outros e quais não são. Mas você só chegará a uma criança emocional se aceitar e afirmar o que ela está sentindo primeiro.

5. Não tente diminuir o que seu filho sente e preste atenção aos sentimentos dele. Talvez para você não haja problema em dizer coisas como "um arranhãozinho desses não dói" ou "meninos não choram", mas isso não ajuda a criança a autocontrolar a dor. Reconheça, crie empatia, deixe que mostrem o que aconteceu, ajude-os a entender que as coisas ficarão melhores com o tempo, espere até que processem o que estão sentindo para que estejam prontos para ir adiante.

6. A desaprovação do medo ou da raiva deles não evitará que tenham esses sentimentos, mas pode muito bem forçá-los a reprimi-los. A repressão não funciona. Sentimentos reprimidos não desaparecem como quando são expressos livremente. Eles procuram uma forma de sair e podem ser a causa raiz de problemas comportamentais mais adiante na infância.

7. Mostre que você entende os sentimentos da criança descrevendo o que vê e refletindo o comportamento de volta para ela (por exemplo, "Parece que você está muito irritado com a sua irmã hoje"). Aceitar os sentimentos dela e refleti-los não significa que você concorda ou endossa os sentimentos. É provável que você desarme a situação e ative o processo de autocontrole. Reconheça a perspectiva do seu filho e crie empatia.

8. Ajude seu filho a aprender a solucionar problemas. Quando a carga emocional de uma situação começa a se dissipar, o uso de lógica e raciocínio reforça o retorno à normalidade. A solução de problemas talvez precise de algum suporte de você, mas resista ao desejo de lidar com o problema você mesmo.

9. As crianças usam os adultos como exemplos e replicarão a abordagem e o comportamento que veem em você. Você está ciente de como está se sentindo e reconhece isso? Como você lida com os próprios sentimentos quando está estressado? Como mostra que entende o que os outros

estão sentindo? Você consegue permanecer calmo durante conversas com alta carga emocional? Demonstra empatia quando sentimentos são expressos? A modelagem da inteligência emocional é uma forma importante de ajudar no desenvolvimento das crianças.

10. Uma das habilidades mais importantes que você pode ajudar seu filho a desenvolver é como lidar com a raiva de maneira construtiva. Ele aprenderá o que você modelar. Use palavras, não força. Fale sobre o que está por trás da sua raiva. Não a deixe se agravar. Continue escutando seu filho e faça com que suas emoções fiquem sob controle. Se necessário, use técnicas de respiração profunda para ajudar.

11. Uma das coisas mais difíceis que seu filho pode ter de enfrentar é a diferença física: digamos, um pai ausente, um distúrbio de aprendizagem, ser adotado, um divórcio iminente ou um parente alcoólatra ou que usa drogas. Toda criança tem coisas das quais tem medo de falar. E são essas as questões em que elas mais precisam do seu apoio e orientação. Sentimentos de inadaptação ou medo, ausência de entes queridos, ações de familiares que não são entendidas por completo – pode ser difícil conversar sobre isso tudo. Você pode ajudar a desenvolver a inteligência emocional mostrando que é possível falar sobre sentimentos complexos. Pode falar com seu filho sobre coisas que, para você, são difíceis, por exemplo.

Práticas familiares de pais e mães

A vida dos pais se tornou agitada demais. Dedicar tempo ao desenvolvimento emocional do seu filho não deveria ter prioridade menor, mas geralmente tem.

Pesquisas na Espanha, nos Estados Unidos e no Reino Unido demonstraram que o tempo que as mães passam com os filhos tem uma influência considerável sobre o desenvolvimento emocional deles. Quanto mais tempo se passa interagindo com a mãe, fazendo coisas que tenham um elemento educativo (como visitar museus ou criar histórias ou obras de arte), mais a inteligência emocional se desenvolve. O tempo gasto assistindo à TV juntos, no entanto, não parece ter tal efeito.

Um tipo controlador de criação dos filhos e uma abordagem rígida ou disciplinar influenciam de modo negativo o desenvolvimento da IE, enquanto uma abordagem mais democrática e ponderada incentiva a estabilidade e a flexibilidade emocionais. Incentivar a criança a assumir responsabilidade pelo que faz e na vida doméstica, em sentido amplo, influencia de maneira positiva a capacidade dela de entender as emoções dos outros, de ser responsável em situações sociais e de estabelecer boas relações interpessoais.

O papel dos pais no desenvolvimento da IE de uma criança parece ser influenciado pelo grau com que se conformam com estereótipos culturais de comportamento masculino. Pesquisas indicam que as abordagens "machistas" apresentam correlação com baixo desenvolvimento de inteligência emocional, ao passo que os pais que enfatizam o comportamento e as características descritos nas páginas anteriores atingem resultados semelhantes aos das mães.

Pais com altos níveis de inteligência emocional exibem mais respostas prazerosas ao comportamento positivo dos filhos e menos raiva ao comportamento negativo. Por consequência, são apropriados para criar autoestima, inspirar confiança e promover o comportamento positivo nos filhos usando o reforço positivo.

Esses estudos demonstram que a IE pode ser cultivada e aprimorada por práticas familiares positivas. As práticas familiares positivas são caracterizadas pelo envolvimento com a criança, uma forma democrática de tomada de decisão, uma ênfase na responsabilidade, autonomia moderada para a criança, um uso ponderado da disciplina e uma tendência a ressaltar a independência mais do que ficar centrado na criança.

NÃO ESQUEÇA!!! As regras emocionalmente inteligentes para a criação dos filhos são:

- estabeleça regras com as quais todos (você, seu filho, outros familiares) concordem para orientar a tomada de decisão;
- permita uma autonomia moderada para a criança decidir como deve agir;
- encontre maneiras de definir as responsabilidades que acompanham a liberdade da criança;
- discipline de forma justa e leve as circunstâncias em consideração;
- incentive a independência.

7. Inteligência emocional e saúde

O SISTEMA IMUNOLÓGICO PSICOLÓGICO

A inteligência emocional, com sua ênfase no controle das próprias emoções, bem como na interação com os outros, é de benefício real na ajuda a proteger as pessoas contra o estresse, a ansiedade e a depressão, além de promover um estado de espírito positivo. Mas parece que o impacto vai além da saúde mental: a IE também é importante no que tange à saúde física. Já se passaram aproximadamente cem anos desde que se começou a explorar a relação entre eventos fisiológicos e sentimentos emocionais. O que se tornou a "teoria de James-Lange" foi seguido das teorias de "Cannon-Bard" e, posteriormente, de "Schachter-Singer", e todas demonstraram associações fortes entre processos corporais e emoções.

Imunidade

O sistema imunológico é uma comunidade complexa de sistemas, células e barreiras que nos protegem contra organismos causadores de doenças. Pesquisas indicam que os sentimentos (ou seja, a resposta bioquímica do corpo às percepções e às emoções), e por vezes as sensações psicológicas criadas por eles, desencadeiam uma resposta imunológica. Essa é a capacidade que temos de dar respostas rápidas com anticorpos a patógenos invasores ou a mudanças que afetam os sistemas e órgãos internos.

Já em 1936, Hans Selye apresentou evidências de que o córtex adrenal, o sistema imunológico e o intestino estavam todos conectados e eram alterados pela hipertrofia (amplificação das células) das glândulas adrenais. Ele demonstrou que as conexões eram alteradas pelos efeitos da emoção e do estresse prolongado. A consequência disso para o sistema digestivo agora foi identificada como síndrome do intestino irritável.

Um estudo recente usando neuroimagens respaldou a significância da percepção emocional como uma entidade real. Quando os indivíduos sofrem lesão psicológica pela exclusão social sentida como rejeição, a dor é registrada na mesma área do cérebro da dor física. Isso sugere uma possível base física da consciência e que as emoções têm um papel fisiológico.

Assim como o sistema imunológico biológico está equipado para detectar micro-organismos nocivos, o sistema imunológico psicológico está aparelhado para estimular o corpo a detectar elementos perigosos no ambiente e buscar oportunidades de evitá-los. Nossa prontidão integrada contra ameaças à vida, ao bem-estar físico, à propriedade e às posses, a noção de personalidade e identidade e as reações emocionais aos riscos constituem a essência dos componentes psicológicos do sistema imunológico que estão integrados aos sistemas biológicos.

Por esse motivo, as ameaças e os perigos enfrentados sempre têm prioridade na consciência. Você é programado para ficar atento a eles. Fica desperto ao ouvir um ruído alto e desconhecido, ver um clarão de luz, sentir algo rastejando pela pele, sentir cheiro de fumaça dentro de casa ou se deparar com um filho que volta para casa às lágrimas. Essas situações atingem a consciência em alta velocidade, e, quando o fazem, a reação é intuitiva. Mais tarde, porém, você cria planos para lidar com elas com base na experiência, no conhecimento, nas superstições e nas crenças. Por isso, embora você esteja equipado com um sistema protetor que analisa o horizonte quanto a ameaças, perigos e oportunidades, não está livre de respostas gravadas em pedra. A inteligência emocional oferece oportunidades de se envolver com os outros de forma bem-sucedida e de enfrentar as mudanças e os efeitos fisiológicos que podem ser desencadeados por ameaças e riscos.

> **NÃO ESQUEÇA!!!** Parte do sistema imunológico é um processo bioquímico movido por sentimentos e governado pelas percepções. A saúde e a capacidade de permanecer saudável estão intimamente conectadas ao modo como você gerencia as emoções.

RUMINAÇÃO E ANSIEDADE

Estudos australianos recentes demonstraram que a satisfação das pessoas com a vida, o bem-estar psicológico e, sobretudo, os níveis de ansiedade são determinados por fatores como autocontrole emocional e autoconhecimento, descritos na Parte I deste livro. Por exemplo, pessoas propensas à ruminação têm dificuldade em se livrar de pensamentos perturbadores e ficam absortas em pensamentos sobre o passado ou o futuro. Isso leva à inércia – não adotar uma ação para mudar a situação – e ao evitamento de sentimentos desagradáveis tentando usar o raciocínio para combater o incontrolável.

De uma perspectiva da saúde, esses estudos de longo prazo estabeleceram que as pessoas que adotam a ruminação têm níveis mais altos de depressão ao longo do tempo, exibem sintomas de problemas de saúde mental e precisam de tratamento médico com mais frequência. Os ruminadores têm dificuldade em responder à família, aos amigos e aos outros e acreditam que eles oferecem uma ajuda menos relevante do que precisam, suscitando questões importantes para o tratamento de longo prazo e a recuperação de pacientes. O alto nível de ruminação também esteve associado à recuperação mais lenta do estresse, maiores problemas cardíacos e de níveis de cortisol e dificuldades em controlar o HIV/Aids.

NÃO ESQUEÇA!!! Fatores diferentes podem ser responsáveis pelo desenvolvimento de uma doença em pontos distintos ao longo do caminho. Por exemplo, uma série de coisas diferentes podem contribuir para a deposição gradual de lipídios na parede arterial que está subjacente à doença cardíaca e, da mesma forma, para o aumento súbito na produção de catecolamina, que leva à embolia coronária. Esses dois processos físicos podem ser desencadeados pela maneira como um indivíduo forma a "percepção da ameaça", que é o principal estágio na avaliação de risco que confirma o nível de ansiedade que você sente e como lida com ele.

Desenvolvimento de problemas de saúde

Com a maior ênfase na medicina preventiva e na educação em saúde nos últimos tempos, a necessidade de entender como a doença se desenvolve e os fatores envolvidos é cada vez mais importante. Várias doenças têm históricos de desenvolvimento complexos e prolongados. Constatou-se que os níveis de inteligência emocional influenciam a suscetibilidade a problemas de saúde, assim como a sua progressão. Há uma série de fatores de risco (pertencentes à saúde) afetados pelo nível de inteligência emocional que você pratica:

Personalidade: o neuroticismo é um traço de personalidade que vem sendo mais examinado em relação ao comportamento de saúde. Ele é definido como a tendência a sentir emoções negativas, inclusive raiva, ansiedade e depressão, e mostrou conexão a um comportamento deficiente de saúde, principalmente aos riscos associados ao tabaco, ao alcoolismo e ao abuso de drogas. Também já se sugeriu que o neuroticismo é um fator de risco para aumentar os níveis de estresse com os riscos associados da doença. Por outro lado, pessoas neuróticas e ansiosas podem ir ao médico com mais frequência, resultando em uma possível detecção precoce de problemas de saúde.

Envelhecimento: em 2001, um estudo longitudinal sobre envelhecimento e doença de Alzheimer analisou esboços autobiográficos escritos por um grupo de centenas de freiras idosas ao entrarem em um convento entre quarenta e sessenta anos antes. Os esboços foram listados de acordo com o número de declarações positivas. As freiras na metade de baixo da lista morreram, em média, nove anos antes daquelas no topo da lista, com uma incidência consideravelmente maior de demência. A diferença na sobrevivência não esteve relacionada ao estilo de vida ou às circunstâncias no período de intervenção, mas, segundo o estudo, à inteligência emocional positiva seis décadas antes. Essa descoberta é ainda mais extraordinária porque, a partir dos vinte e poucos anos, a vida das freiras foi praticamente idêntica ao que seria uma vida comum.

Uma possibilidade mencionada com frequência é que, conforme envelhecem, as pessoas se tornam menos envolvidas com a vida ao redor delas e, portanto, são mais passivas e/ou propensas a ignorar eventos, sendo mais fatalistas quanto à capacidade de controlá-los. Há evidências de que pessoas mais idosas respondem menos emocionalmente a ameaças ambientais, inclusive a ameaças de saúde, apesar dos níveis de compreensão. Em algumas condições (como melanoma, câncer do colo do útero e câncer de mama), a falta de resposta emocional nos idosos faz com que levem mais tempo para informar ao médico sobre sintomas e não aproveitem oportunidades de serviços diagnósticos e preventivos.

Hostilidade e raiva: de todos os fatores de personalidade, o conjunto de comportamentos "tipo A" (discutidos na próxima seção) vem sendo objeto de inúmeros estudos, e as descobertas associadas a ele deram mais crédito à relevância da personalidade na saúde do que qualquer outro fator. O constructo se cristalizou nos escritos de dois cardiologistas, Friedman e Rosenman, que designaram como "tipo A" os indivíduos que, de modo típico, exibem um excesso de empenho para atingir metas, competitividade, impaciência, hostilidade, discurso vigoroso e maneirismos motores.

A menor inteligência emocional exibida por pessoas tipo A se caracteriza por uma falta de autoconsciência, autocontrole emocional ineficiente e uma tendência ao raciocínio distorcido (veja a página 126). Todos esses fatores costumam levar a relações de baixa qualidade.

Estudos de acompanhamento com homens inicialmente saudáveis mostraram que aqueles caracterizados como tipo A tinham maior probabilidade de desenvolver doença cardíaca do que a população em geral. Após exames minuciosos, no entanto, o foco de interesse agora está mais especificamente nos efeitos da hostilidade, da raiva e da expressão da raiva. A hostilidade, em especial, parece ser um dos principais fatores responsáveis pela doença cardíaca, bem como níveis mais altos de lipídios e índice de massa corporal. Os níveis de hostilidade também têm uma relação direta com comportamentos como tabagismo e alcoolismo.

Pessoas tipo A, B, C e D

Três tipos de pessoas, caracterizadas pelos estados emocionais predominantes, têm risco maior de "eventos cardiovasculares adversos", como ataques cardíacos, segundo pesquisas conduzidas na Holanda, no Reino Unido e nos Estados Unidos. Os grupos "de risco" identificados são:

- pessoas determinadas, vigorosas e competitivas;
- pessoas cujo comportamento costuma ser hostil, irritado e negativo;
- pessoas que podem ser socialmente inibidas, ansiosas, estressadas ou deprimidas.

Conforme descrito antes, o primeiro grupo é chamado de "tipo A". Os riscos de saúde para esse tipo de pessoa não estão claros, porque diversos estudos de grande porte não encontraram relações causais com problemas cardíacos. No entanto, destacaram a maneira como a inteligência emocional (emoção, humor, autocontrole e comportamentos de relacionamento) pode afetar o coração. As características de comportamento de uma pessoa "tipo A" incluem impaciência, intolerância a erros, pressão para acelerar o ritmo, envolver-se demais, aquisição excessiva de posses, dificuldade de delegar e desconfiança. Essas pessoas não usam bem ou com facilidade a inteligência emocional para colaborar com os outros, nem conseguem relaxar em grupo quando surge a oportunidade. Por consequência, muitas vezes sofrem de estresse.

Pessoas classificadas com personalidades "tipo B" conseguem relaxar melhor sem culpa e trabalham sem ficar ansiosas ou agitadas. Outras características incluem ser mais despreocupadas com o tempo (elas não se estressam demais quando se atrasam) e não se irritarem com facilidade.

Trabalhos posteriores identificaram como os elementos da inteligência emocional envolvidos no comportamento tipo A podem, de fato, ajudar. Há alguns fatores que, em realidade, podem proteger o coração (como a energia para obter sucesso e a dedicação em fazer mudanças saudáveis). Talvez você aprecie o questionário a seguir, que avalia o equilíbrio que você tem entre comportamentos tipo A e tipo B. Mas você precisa ser honesto!

Os integrantes do segundo grupo "de risco" – aqueles cujos comportamentos são muitas vezes hostis, raivosos e negativos – são, por vezes, caracterizados como pessoas "tipo C". Indivíduos que pertencem a essa categoria, originalmente usada na avaliação dos riscos de emoções mal controladas referentes ao câncer, podem ser menos motivados, mas contam com um estilo cognitivo que envolve pensamento negativo automático, expresso nas reações aos outros. Para eles, é difícil gerenciar as emoções, havendo flutuações frequentes entre "altos" e "baixos". De maneira predominante, exibem hostilidade para com os outros e têm dificuldade em enfrentá-los sem mostrar irritação e raiva. A inteligência emocional também é difícil para eles, tanto por causa das dificuldades em controlar instintos negativos e agressivos quanto porque os níveis de emoção que sofrem os inibem na criação de relações positivas, com a confiança mútua e a tolerância necessárias.

Pessoas "tipo D" têm a mesma tendência em sentir emoções negativas do que as tipo C, mas isso acaba motivando a autocrítica interna, a ansiedade e a depressão. Ao mesmo tempo, têm dificuldade em criar relações devido à inibição social. Pessoas tipo D são mais fechadas nas interações sociais, têm menos probabilidade de expressar sentimentos pessoais para os outros e tendem a se sentir um pouco inseguras. Médicos emocionalmente inteligentes as descreveram como "o tipo de paciente que diz que está tudo bem, que não há problemas. Mas você consegue perceber que está acontecendo algo ou que alguma coisa não está certa". Essa combinação faz com que sejam mais propensas a formas crônicas de distúrbio psicológico, levando a uma ausência de confiança.

EXPERIMENTE AGORA! Com o segundo questionário, você poderá pensar se seus comportamentos se qualificam como "tipo D" e que inteligência emocional é necessária para lidar com eles.

Você tem uma personalidade "tipo A" propensa ao estresse?

As personalidades tipo A tendem a ser mais bem-sucedidas, e também recebem 90% de todos os ataques cardíacos. Você é tipo A? Eis a sua chance de fazer o teste. A seguir estão duas colunas de comportamento contrastante. Uma vez que cada pessoa pertence a algum ponto de um contínuo entre os dois extremos, dê a si mesmo uma pontuação entre 1 e 7 para cada par de afirmações, em que 1 equivale ao comportamento na coluna à esquerda e 7 significa o comportamento na coluna à direita.

	Pontuação (1 a 7)	
Não se importa em deixar as coisas inacabadas por um tempo		Precisa terminar as coisas depois de começar
Calmo e sem pressa quanto aos compromissos		Nunca se atrasa para um compromisso
Não é competitivo		É muito competitivo
Bom ouvinte; deixa os outros terminarem de falar		Antecipa-se ao outro em uma conversa (balança a cabeça, interrompe, termina as frases do outro)
Nunca está com pressa, mesmo sob pressão		Está sempre apressado

	Pontuação (1 a 7)	
Consegue esperar com calma		Inquieto enquanto espera
Despreocupado		Sempre andando a toda velocidade
Faz uma coisa de cada vez		Tenta fazer mais de uma coisa por vez; pensa no que vai fazer a seguir
Fala lenta e deliberada		Fala vigorosa e contundente (usa muitos gestos)
Preocupado em satisfazer a si mesmo, não aos outros		Quer reconhecimento dos outros por um trabalho bem-feito
Desacelera as coisas (por exemplo, comer, caminhar)		Faz as coisas rapidamente
Sereno		Enérgico
Expressa sentimentos abertamente		Retém os sentimentos
Tem uma série de interesses		Poucos interesses fora do trabalho
Satisfeito com o emprego		Ambicioso, quer subir na carreira o quanto antes
Jamais define os próprios prazos		Geralmente define os próprios prazos

	Pontuação (1 a 7)	
Sente responsabilidade limitada		Sempre se sente responsável
Jamais julga as coisas em termos de números		Costuma julgar o desempenho em termos de números (quanto, quantos)
Casual quanto ao trabalho		Leva o trabalho muito a sério (trabalha nos fins de semana, leva trabalho para casa)
Não é muito preciso		Bastante preciso e meticuloso com detalhes

Some todas as suas pontuações para gerar um valor único total.

Se pontuou mais de 110, você é tipo A1

Se você está nessa categoria, e principalmente se tiver mais de quarenta anos e fumar, tem alto risco de desenvolver doença cardíaca e outras relacionadas ao estresse.

Se pontuou entre 80 e 109, você é tipo A2

Você também é uma personalidade propensa a problemas do coração, mas o risco de doença cardíaca não é tão alto quanto o do tipo A.

As personalidades tipo A geralmente têm "um problema de estresse", embora a maioria não o reconheça até que apareçam sintomas extremos ou doenças graves. O comportamento tipo A é um padrão de personalidade aprendido, o que é muito bem recompensado na cultura ocidental. É um traço desejado na maioria das instituições, sobretudo em nível gerencial. Em outras partes do mundo, no entanto, esses comportamentos podem assumir formas distintas, mais culturalmente apropriadas.

O desenvolvimento das habilidades para inteligência emocional pode ser importantíssimo para personalidades tipo A, ajudando a criar relações verdadeiras e a identificar oportunidades de crescimento ou de mudança. Para que isso aconteça, pessoas tipo A talvez precisem trabalhar nas áreas de autoconsciência e controle emocional primeiro.

Se pontuou entre 60 e 79, você é tipo AB

Você é uma mistura de padrões tipo A e B. É um padrão mais saudável do que o A1 ou o A2, mas você tem o potencial de deslizar para o comportamento tipo A e deve reconhecer isso. Os comentários acima referentes ao desenvolvimento da inteligência emocional também se aplicam a você.

Se pontuou 59 ou menos, você é tipo B

Esse complexo de personalidade é caracterizado por relaxamento geral e enfrentamento adequado do estresse. Você expressa poucas reações associadas à doença cardíaca.

(Este questionário é amplamente utilizado no Serviço Nacional de Saúde do Reino Unido e é baseado em um teste desenvolvido pelo Dr. Howard Glazer em 1978.)

EXPERIMENTE AGORA!

Teste do comportamento "tipo D"

A seguir você encontrará uma série de afirmações que as pessoas usam com frequência para descrever a si mesmas. Para cada uma, atribua uma pontuação de 0 a 4, em que 0 = falso, 1 = um pouco falso, 2 = neutro, 3 = um pouco verdadeiro e 4 = verdadeiro. Não existe resposta certa ou errada: a sua opinião é a única coisa que importa.

1. Faço contato com facilidade quando conheço pessoas.

2. Costumo fazer tempestade em copo d'água.
3. Costumo falar com estranhos.
4. Sinto-me infeliz com frequência.
5. Sinto-me irritado com frequência.
6. Sinto-me inibido em interações sociais com frequência.
7. Tenho uma perspectiva sombria das coisas.
8. Para mim, é difícil iniciar uma conversa.
9. Sinto-me de mau humor com frequência.
10. Sou um tipo fechado de pessoa.
11. Prefiro manter as pessoas a distância.
12. Preocupo-me com frequência.
13. Sinto-me para baixo com frequência.
14. Ao socializar, não encontro o assunto certo para conversar.
15. Penso em mim mesmo com frequência.

Pontuação

O primeiro passo é **reverter as pontuações** para as perguntas **1** e **3**; ou seja, se você se deu 0, troque para 4; se pontuou 1, mude para 3; 2 permanece igual; 3 vira 1; 4 passa para 0.

Escala de "afetividade negativa": some todas as pontuações para as perguntas 2, 4, 5, 7, 9, 12 e 13.

Escala de "inibição social": some todas as pontuações para as perguntas 1, 3, 6, 8, 10, 11 e 14.

Você demonstra comportamento tipo D se pontuou 10 ou mais nas escalas de afetividade negativa e inibição social. Se está nessa categoria, talvez seja uma boa ideia consultar as seções do livro sobre raciocínio distorcido (páginas 126 a 128) e autoestima (páginas 48 a 51).

BEM-ESTAR PSICOLÓGICO

A qualidade de vida geral e o senso de realização são fatores importantes no humor do dia a dia. No Reino Unido, as conexões tradicionais entre saúde e assistência social agora estão sendo ampliadas para incluir uma definição mais abrangente de assistência à saúde, englobando serviços médicos, trabalho social, iniciativas de vida saudável, saúde pública e serviços assistenciais. O rótulo do momento agora é "saúde e bem-estar".

O bem-estar psicológico é uma ideia intimamente relacionada à inteligência emocional, sugerindo que uma série de fatores é importante para a felicidade geral, as relações saudáveis e a saúde mental. O modelo de bem-estar psicológico proposto por Carol Ryff, psicóloga pesquisadora, reforça a importância da IE na promoção de um estilo de vida saudável e gratificante. Ele destaca a significância de:

- autoaceitação – valorizar a si mesmo e o que você acha importante;
- estabelecimento de ligações de qualidade com outras pessoas e grupos;
- senso de autonomia no pensamento e na ação;
- capacidade de gerenciar ambientes complexos para se adequar às necessidades e aos valores pessoais;
- busca de metas significativas e um senso de propósito na vida;
- crescimento e desenvolvimento contínuos como pessoa.

PENSE NISSO

"Check-up" do bem-estar psicológico

As afirmações a seguir se relacionam a aspectos de bem-estar psicológico. Considere se você concorda ou discorda de cada afirmação.

Autonomia: tenho confiança nas minhas opiniões, mesmo que sejam contrárias ao consenso geral.

Ambiente: em geral, sinto que estou no comando da situação em que vivo.

Crescimento pessoal: acho que é importante ter novas experiências que desafiam a forma como se pensa sobre si mesmo e sobre o mundo.

Relações interpessoais: as pessoas me descreveriam como generoso, disposto a compartilhar meu tempo, mas não um maria vai com as outras.

Propósito na vida: algumas pessoas vagueiam sem rumo pela vida, mas não sou uma delas.

Autoaceitação: gosto da maioria dos aspectos da minha personalidade.

Os efeitos da inteligência emocional sobre a saúde

Em 2003, diversas centenas de voluntários participaram de um ensaio sobre IE e saúde, tentando estabelecer se a inteligência emocional realmente melhora o funcionamento do sistema imunológico. O ensaio incluiu o treinamento de um grupo de voluntários em consciência das próprias emoções e meditação. O outro grupo não recebeu o treinamento. A seguir, foi administrada uma injeção da gripe para estabelecer a intensidade da resposta que eles apresentariam aos anticorpos. Seis meses após a vacina, o grupo de meditação havia produzido quase duas vezes mais anticorpos que o grupo controle. Essa evidência sugere um forte respaldo à noção de que estados emocionais positivos, desenvolvidos por meio do trabalho com a inteligência emocional, podem melhorar as funções imunológicas.

Em um estudo paralelo, também se constatou que quanto mais otimista o indivíduo (aplicando testes de personalidade e práticos), menor o risco de contrair um resfriado. Estudos separados mostraram que, quando as pessoas têm menos controle emocional e ficam muito empolgadas, há um risco maior de infecção. O risco era médio para as pessoas mais negativas.

Controle da doença

A função que a gestão emocional exerce no controle da doença é uma boa ilustração de como a inteligência emocional pode beneficiar pais, cuidadores e profissionais da saúde.

Se você conhece alguém que sofre de uma condição crônica e debilitante, é bem provável que esteja ciente dos graves efeitos psicológicos que tais doenças podem ter. Os portadores da doença muitas vezes têm dificuldade em se ajustar a um novo modo de ser no mundo, perdendo as coisas que tornavam a vida divertida. Eles podem sentir que são um fardo para a família, o que leva à depressão e/ou ansiedade. Em tais circunstâncias, a equipe de assistência médica emocionalmente inteligente pode fazer uma diferença enorme para ajudar os pacientes a gerenciar seus estados mentais que, para algumas condições, podem até afetar os tratamentos prescritos pelos médicos. Quando as pessoas sofrem de câncer, as intervenções médicas variam de procedimentos com um propósito curativo (cirurgia para remover um tumor inteiro) até o tratamento paliativo, em que o paciente precisa aprender a conviver com o câncer, aceitando que não irá desaparecer. Os aspectos emocionais do câncer afetam os pacientes, seus parceiros e famílias, além da equipe que presta atendimento. A maioria dos envolvidos sofre de aflição emocional. Algumas pessoas desenvolvem ansiedade grave, depressão ou outras síndromes psiquiátricas. Há evidências de que a emotividade e um espírito combativo são benéficos para os prognósticos de pacientes com câncer, enquanto o estoicismo, a fadiga e a inexpressividade emocional são nocivos.

Não há dúvida de que os aspectos emocionais da doença são essenciais à qualidade de vida dos pacientes. Vários dos problemas comuns que os afetam podem ser minimizados, contanto que a importância deles seja reconhecida. Desespero, medo, incerteza, choque, negação, depressão, insegurança, frustração, medo do futuro e perda de controle são características de quem vive com uma doença crônica. Pacientes, cuidadores e equipe médica que entendem a inteligência emocional estão mais bem-equipados para lidar com esses problemas. A equipe médica que registra a linguagem corporal ou a forma como os pacientes se expressam tem uma maneira melhor e mais imediata de avaliar as informações recebidas; cuidadores que aprendem a entender os próprios sentimentos de ressentimento podem se tornar mais resilientes;

conversas com pacientes sobre planos de tratamento podem ser mais produtivas quando são abertas e otimistas. E pacientes que entendem seus sentimentos e ficam atentos podem permanecer positivos e valorizar as relações.

Cinco maneiras de chegar à inteligência emocional por meio do bem-estar

Quem tenta cultivar maior inteligência emocional na vida cedo ou tarde descobre que é mais difícil ser autoconsciente, estar no controle e atento aos outros justo quando seria mais útil – quando a pressão está presente. Quando você se sente mal ou quando parece não haver um momento livre, manter a atenção plena e ser sensível às emoções são grandes desafios. Porém, é nesses momentos que a inteligência emocional pode dar uma base sólida para o foco, a decisão e o estado de espírito positivo que geralmente é necessária.

No dia a dia, o bem-estar emocional próprio e o de quem você valoriza são questões importantes de saúde por si só e podem ter uma grande influência na saúde física. Estresse, depressão e ansiedade podem contribuir para uma série de indisposições físicas, inclusive transtornos digestivos, distúrbios do sono, problemas cardíacos e falta de energia. Os efeitos sobre o sistema imunológico significam que estamos em risco de uma variedade mais ampla de aflições físicas. A ligação entre corpo e mente está se tornando cada vez mais reconhecida.

Quando a vida está particularmente difícil e as relações estão complicadas, você pode usar aspectos importantes da inteligência emocional. Você precisa da capacidade de dar nome aos sentimentos que está sentindo e entender a causa deles. Pode usar habilidades de enfrentamento, como relaxamento, assertividade e energia para obter sucesso, o senso de quem você é o que é importante para controlar seus sentimentos e permanecer positivo. Manter uma posição diária em que você valoriza o outro, expressa os sentimentos e fica atento a eles – ajudando sempre que pode – não é luxo nem otimismo vago. São ferramentas para controlar a forma como a emoção, o humor, o comportamento e os fatores sociais podem afetar a saúde no longo prazo.

Talvez você queira tentar as seguintes cinco maneiras de melhorar a saúde e o bem-estar por meio da IE.

1. A conexão com os outros oferece suporte, equilíbrio, enriquecimento, estabilidade e um senso de comunidade na vida. Faça um esforço para conversar com grupos mais variados de pessoas com quem normalmente tem contato. Veja a conexão com as pessoas como o alicerce para a sua vida e esteja preparado para investir tempo e energia nisso. Escute as pessoas que cruzarem o seu caminho e preste atenção na linguagem corporal delas, registrando os diferentes sinais e a "música" por trás das palavras. Pense na família, no trabalho e na comunidade. Conecte-se com vizinhos, colegas, clientes, amigos e familiares.

2. Tenha uma atividade física: caminhar ou correr, praticar um esporte, fazer jardinagem, dançar, andar de bicicleta. Aproveite o ar fresco lá fora. A atividade física ajuda você a se sentir bem, dando um sentido de equilíbrio na vida. O exercício ajuda o sistema nervoso autônomo a expulsar o estresse do corpo. Fale com o seu médico sobre sua mobilidade ou aptidão física se tiver alguma preocupação. Mas vá para a rua e aproveite o ar fresco.

3. Fique alerta. Curta as escolhas que os outros fazem quanto a vestimentas, estilo ou aparência. Seja curioso. Registre o que é belo. Faça comentários sobre algo incomum. Observe como as árvores mudam de uma estação para a outra. Viva o momento, seja caminhando até as lojas ou dirigindo para o trabalho, compartilhando comida com amigos ou resolvendo os problemas do mundo em uma mesa de bar. Aprecie a experiência e esteja ciente sobre como se sente só de olhar para os outros. Valorize a aparência e o tato, os odores e sons de cada momento; veja até a experiência comum de estar em uma multidão com novos olhos olhando e prestando muita atenção tanto a você quanto aos outros.

4. Não pare de aprender. Encontre oportunidades de fazer algo novo no trabalho. Aprenda o que outros valorizaram, depois tente você mesmo e pense na sensação de fazê-lo. Redescubra um interesse antigo. Matricule-se em aulas à noite em algo que você jamais experimentou. Aprenda a tocar música ou cantar. Estabeleça para si mesmo um desafio interessante e estimulante. Use suas habilidades em um contexto distinto. Considere cada progresso mínimo feito em algo novo como um sucesso, aproveite-o e deixe que turbine a sua confiança.

5. Doe-se. Tente criar empatia com alguém que está fazendo algo por nada e descubra o que ele está obtendo com isso. Faça uma coisa pequena e legal uma vez por semana, para alguém que você conhece ou para um estranho. Procure pessoas que precisem de ajuda ou apoio de certa forma na sua comunidade local ou entre seus amigos e familiares. Abra a porta para alguém. Sorria. Ofereça o próprio tempo.

Pense em obter parte da sua felicidade sendo parte de um grupo, ajudando os outros. Observe alguém que recebe a sua ajuda. Diga que é você quem está sendo ajudado. Compartilhe a sensação de receber algo.

Conclusão

Restam poucas dúvidas de que, para várias pessoas, o conceito de inteligência emocional é interessante e útil em uma ampla variedade de contextos, do ensino à assistência médica, das relações pessoais e criação de filhos a tornar o ambiente de trabalho um lugar mais produtivo, positivo e agradável. Espero que este livro tenha ajudado você a perceber como a IE pode melhorar a vida, e que tenha mostrado como você pode desenvolver suas habilidades para atingir esse objetivo.

Com este livro, tentei descrever um ponto de vista prático da inteligência emocional (sem dúvida com menos rigor acadêmico do que alguns gostariam). Tentei equilibrar as ferramentas e o conhecimento de que você precisa para a IE com o maior número de perspectivas e evidências possível sem sobrecarregar o leitor.

Uma ou duas vezes no livro, abordamos o grande debate sobre a natureza da IE: é uma capacidade mental ou uma mistura de traços de personalidade, capacidades e habilidades? Eu não sei. Talvez seja uma combinação das duas. Desconfio que, no mundo real, pegamos ideias do nada e as usamos para melhorar a vida – e há inúmeras evidências de que a inteligência emocional pode fazer isso. Porém, assim como com todos os talentos e capacidades, a IE melhora com a prática; quanto mais atento você estiver quanto ao que está acontecendo ao seu redor, mais rica a vida pode ser...

Leituras recomendadas

Foi publicada uma série de livros sobre inteligência emocional nos últimos anos. Alguns são bastante acadêmicos, precisos e baseados em pesquisas; outros são muito mais pessoais, muitas vezes baseados nas experiências do autor, e tentam oferecer perspectivas práticas. Ambos têm o seu valor se você quiser expandir o conhecimento sobre a IE e obter mais informações sobre as ideias contidas neste livro.

Veja a seguir uma lista de livros que, para o autor, foram úteis:

EKMAN, Paul. *Emotions Revealed*. Londres: Weidenfeld & Nicolson, 2003.

GOLEMAN, D.; BOYATZIS, R.; MCKEE, A. *Primal Leadership: Learning to Lead with Emotional Intelligence*. Boston: Harvard Business School Press, 2002.

GOLEMAN, Daniel. *Inteligência emocional – a teoria revolucionária que redefine o que é ser inteligente*. Rio de Janeiro: Objetiva, 1995.

GOTTMAN, J.; DECLAIRE, J. *Raising an Emotionally Intelligent Child*. Nova York: Simon & Schuster, 1997.

HANSON, Peter. *The Joy of Stress*. Londres: Pan, 1987.

KABAT-ZINN, Jon. *Mindfulness for Beginners*. Louisville: Sounds True Inc., 2006.

MATTHEWS, G.; ZEIDNER, M.; ROBERTS, R. *Emotional Intelligence: Science and Myth*. Cambridge: MIT Press, 2002.

MAYER, J.; BRACKETT, M.; SALOVEY, P. *Emotional Intelligence: Key Readings on the Mayer and Salovey Model*. Nova York: Dude Publishing, 2004.

MIND GYM. *The Mind Gym: Relationships*. London: Sphere, 2009.

SALOVEY, Peter. *Emotional Development and EI – Implications for Education*. Nova York: Perseus Books, 1997.

SEGAL, Jeanine. *The Language of Emotional Intelligence: The Five Essential Tools for Building Powerful and Effective Relationships*. Nova York: McGraw-Hill, 2008.

SPARROW, T.; KNIGHT, A. *Applied Emotional Intelligence: The Importance of Attitudes in Developing Emotional Intelligence.* Nova York: Wiley, 2006.

STEWART, I.; JOINES, V. *TA Today.* Nottingham: Lifespace Publishing, 1987.

THOMPSON, Neil. *People Skills.* Basingstoke: Palgrave MacMillan, 2009.

WILLIAMS, Chris. *Overcoming Anxiety, Stress and Panic.* Londres: Hodder Arnold, 2010.

WILLIAMS, J.; TEASDALE, J.; SEGAL, Z.; KABAT-ZINN, J. *The Mindful Way Through Depression.* Nova York: Guilford Press, 2007.

YEUNG, Rob. *Emotional Intelligence: The New Rules.* Londres: Cyan Books, 2009.

Sobre o autor

David Walton recebeu treinamento inicial de psicólogo clínico no Serviço Nacional de Saúde do Reino Unido e, posteriormente, de psicólogo ocupacional no governo e no serviço público. Trabalhou no Reino Unido e na América do Norte para uma importante empresa de consultoria em ciência comportamental e, logo após, foi psicólogo-chefe do Instituto de Pesquisa para o Desenvolvimento Social das Nações Unidas.

Com uma carreira diversificada, David foi conselheiro da Comissão Europeia para projetos de desenvolvimento organizacional e de pessoas, além de orientar pessoas físicas e jurídicas nos setores público e privado sobre gestão e desenvolvimento de equipes. Detém cargos de professor visitante em duas universidades do Reino Unido e é mentor nacional de duas instituições beneficentes de assistência social de grande porte. David também desenvolve programas de educação comunitária para ajudar as pessoas a entender mais sobre saúde mental, depressão, terapia cognitiva e desenvolvimento infantil e adolescente.

Impressão e acabamento
Imprensa da Fé